KB052403

중국 고전에서
배우는

인생수업

중국 고전에서
배우는

인생수업

모리야 히로시 지음—지세현 옮김

SIA시아

머리말

책을 읽는 독자들을 보면 의외의 독자층이 있는 경우가 종종 있다.

때때로 젊은 층의 독자가 편지를 보내오기도 하고, 대학에서 강의할 때면 학생들이 "사인 좀 해주세요!" 하며 자신의 노트를 내밀기도 한다. 나는 학생들의 질문에 답하거나 사인해 주는 데 결코 인색한 편은 아니다. 그러나 젊은 세대에게 내가 먼저 나서서 "중국 고전을 읽어라!"라고 권하지는 않는다.

중국 고전은 인간학의 보고寶庫다. 중국 고전은 인간의 본질과 인간관계의 미묘함, 나아가 인생을 살아가는 데 필요한 지혜와 노하우 등을 다양한 각도에서 설명하고 있다. 게다가 표현이 아주 간결한 것 또한 매력이다. 이렇게 말하면 "그런 거 읽지 않아도 알고 있어!"라고 말하는 사람이 있을지 모른다. 인생을 살다 보면 누구나 자신의 체험으로 나름대로 자신만의 철학을 갖게 마련이다. 그러나 새로운 마음으로 고전을 펼쳐 보면 자신의 체험을 훌쩍 뛰어넘는 깊은 지혜와 만날 수 있을 것이다.

나는 이 책을 30대 이상의 이 사회를 열심히 지탱해 나가고 있는 사람들, 특히 40대 이상의 독자들에게 권하고 싶다. 중국 고전은 단순히 지식과 교양을 얻고자 하는 사람들에게는 적합하지 않다. 이는 어디까지나 실학實學으로, 머리로 이해하기보다는 실천했을 때 의미가 있으며 비로소 그 값어치가 살아난다고 할 수 있다. 그러나 젊은 층은 사회의 중심

세대이긴 하지만 고전의 내용과 가르침을 이해하고 받아들이는 데는 아직 이르다. 가령 유명한 고사성어인데도 '이런 것도 아직 모르나?' 하고 걱정스러울 정도로 관심이 없다. 이렇게 된 데에는 그들이 본격적인 한문을 배우지 못한 데다 컴퓨터를 비롯한 온라인 시스템에 온통 관심을 쏟다 보니 중국 고전에까지 신경 쓸 여가가 없었다는 데 큰 원인이 있다. 안타까운 일이 아닐 수 없다. 첨단 매체, 첨단 기술의 습득도 중요하지만, 고전은 그에 비길 수 없는 무한한 가치가 있기 때문이다. 앞서 말한 대로 중국 고전은 인간학의 보물창고로서 오늘날에도 도움이 될 만한 지혜로 가득하다.

이 책은 살아가는 데 필요한 지혜를 알려주는 문구를 이런저런 중국 고전에서 골라 내 나름대로 해석을 붙인 것이다. 각각의 문구는 인간과 인생에 대한 깊은 통찰을 함축하고 있으므로, 간결한 표현 속에서 그것이 뜻하는 바를 헤아릴 수 있기 바란다.

현대사회는 여러 가지 가치관이 얽혀 있어 앞으로 그것들이 어떻게 변할지 한 치 앞도 내다보기가 힘들다. 이러한 상황 속에서 어느 누가 자신이 택한 삶의 방식에 확신을 가질 수 있을까? 혼돈한 오늘을 살아가는 독자들이 이 책을 생활의 지침이자 마음의 양식으로 삼고 읽어준다면 더 바랄 나위가 없겠다. 이 책을 통해 이러한 시대를 살아나가는 데 필요한 실마리를 찾아 평온한 삶을 영위하는 데 일조할 수 있다면 저자에게는 더없이 행복한 일일 것이다.

모리야 히로시守屋洋

인간관계의 지혜

사람을 쓰는 지혜

소박한 일상의 지혜

제4부

상황에 대처하는 지혜

제5부

인생을 위한 지혜

제6부

세상을 현명하게 사는 지혜

제1부

인간관계의 지혜

덕은 재능의 주인이고, 재능은 덕의 하인이다

德者才之生, 才者德之奴 『채근담菜根譚』

능력 있는 리더가 되려면 어떤 노력이 요구되는가? 중국 고전에서는 여러 방면에서 이 문제에 대해 다루고 있다. 모든 고전에서 제각각 리더의 조건에 대해 다루고 있는데 자세히 살펴보면 결국은 능력能力과 덕德, 이 두 가지로 모아진다. 이것은 자동차의 두 바퀴와 같아서 한쪽이라도 모자라면 좋지 않다.

능력이란 경영으로 말하자면 '경영수완'이다. 이것이 결여되면 경영자로서는 낙제다. 한편 덕은 '인격적인 요건', 혹은 '인간적 매력'이라고 할 수 있다. 어느 쪽이든 덕이 없으면 주위의 신망을 얻을 수가 없고, 나아가서 사업을 궤도에 올려놓을 수도 없다.

그렇다면 능력과 인격 중에서 어느 것이 더 중요할까? 여기에 소개하는 『채근담』의 구절이 시사하는 바가 있다.

인격은 주인이고 능력은 하인에 지나지 않는다.

채근담은 계속해서 이렇게 말한다.

재능이 있는데 덕이 없으면 주인 없는 집에서 하인이 일을 하는 것과 같아서 별별 망령들이 다 날뛴다.

능력은 있으나 인격이 따르지 못하면 주인 없는 집에서 하인이 주인 행세를 하는 것과 같다. 그리하여 애써 만든 집도 요괴들의 소굴이 되어버린다는 뜻이다.

덕은 사업의 기본이다. 기초가 흔들리면 그 위에 세운 건물이 견고할 수가 없다.

"덕은 사업의 기본[德者事業之基]"이라는 말은 사업을 발전시켜 나가는 기초가 되는 것은 경영자가 가지고 있는 덕이라는 뜻이다.

역사상의 흥망의 발자취를 더듬어 보면 싸워서 이기고 살아남는 데 성공한 사람들은 모두 뛰어난 능력의 소유자들이었다. 그렇다면 능력만이 충분한 조건이었을까? 결코 그렇지 않다. 그것에 더하여 리더로서 덕을 몸에 익히지 않으면 온전하다고 볼 수 없다. 덕이 결여되어 있는 인물은 한때는 융성한다 하더라도 결코 오래가지 못했다.

사람들 위에 서서 일을 하는 리더는 덕을 갖추어야 한다. 넓은 도량과 자비심 그리고 겸손한 마음가짐을 가지도록 수양해야 한다.

앞으로의 리더는 능력은 물론 덕을 쌓는 일에도 게을리해서는 안 된다.

德 者 才 之 生, 才 者 德 之 奴
덕덕 놈자 재주재 갈지 날생 재주재 놈자 덕덕 갈지 종노

나를 수양하고 집안을 돌보고, 나라를 다스린 후 천하를 통일한다

修身齊家治國平天下 『대학大學』

요즘 정치가들을 보고 있으면 새삼 인물이 부족하다는 생각을 하게 된다. 자리가 얼굴을 말한다는 표현이 있다. 리더로서의 설득력이 전혀 느껴지지 않는 정치가들을 보면 이는 얼굴만의 문제가 아니라 내면과도 관련이 있다는 생각이 든다.

리더는 어떤 조직에서도 무거운 책임을 지고 있다. 그 책임을 수행하면서 조직을 통솔해 나가는 것이 리더의 역할이다. 조직을 이끌기 위해서는 많은 준비를 해야 한다. 그런데 요사이 정치가들은 이에 대한 노력이 결정적으로 결여되어 있는 듯하다.

이렇게 된 데에는 정치가들의 유교적 교양이 없어진 것도 큰 이유라고 생각한다. 유교, 특히 유학은 '수기치인修己治人'을 추구하는 학문이다. 즉 '나를 수양하고 타인을 다스리는' '수기치인'은 정치에 있어서는 국민을 지도하고 나라를 통치하는 일을 말한다.

지금 국민을 지도하고 나라를 통치하는 위치에 있는 사람이
나 그런 자리를 노리는 사람은 무엇보다도 우선 '나를 수행하는'
자세를 갖추어야 한다. '나를 수행한다'고 하는 것은 지도자로서
그에 어울리는 덕을 몸으로 닦아야 한다는 뜻으로, '수신修身' 또는
'수양修養'이라고 할 수 있다. 이러한 노력을 소홀히 한 자는 결국
타인을 다스리는 위치에 선다 하더라도 설득력이 결여된 리더에
지나지 않는다.

　　이 부분을 보다 구체적으로 언급한 내용이 『대학』의 원문을
인용한 부분으로 다음과 같다.

　　　나를 수양하고 난 연후에 집안을 돌볼 수 있으며, 집안을 돌본 연
　　후에야 나라를 다스릴 수 있다. 또한 나라를 다스린 연후에야 비로
　　소 세상을 통일할 수 있다.

　　최근 들어 '수신'이라고 하면 어깨를 움츠리며 싫은 내색을 하
는 사람들이 많아졌다. 그러나 본래 '수신'이란 스스로 자신을 연
마하는 자각적인 노력이다. 스스로 부단히 수양을 쌓은 후에야 비
로소 리더로서의 설득력이 나온다고 할 수 있는 것이다.

修　身　齊　家　治　國　平　天　下
닦을수　몸신　가지런할제　집가　다스릴치　나라국　다스릴평　하늘천　아래하

큰일을 이루려면 반드시 사람을 얻는 것이 근본이다

濟大事必以人爲本 『삼국지三國志』

소설 속에서 『삼국지』의 유비劉備는 매우 훌륭한 인물로 묘사되어 있다. 그러나 유비는 실제로는 아주 무능한 인물이었다. 전투에서는 늘 패배뿐이었고 정치적 거래 또한 서툴렀다. 한마디로 그는 라이벌인 조조曹操의 발뒤꿈치도 못 따라가는 능력의 소유자였던 것이다.

유비는 20대에 군사를 일으켰으나 오십이 다 되도록 자신의 세력 하나 만들지 못했다. 요즘 같았으면 경영수완이 형편없어서 파산을 밥 먹듯이 했을 가능성이 높다.

그러던 유비가 만년에는 촉蜀의 땅(지금의 사천성)에 자신의 세력을 구축하는 데 드디어 성공하게 되는데, 이는 그의 재능보다는 부하들이 노력한 공이 더 컸다. 유비는 능력은 형편없었지만 사람의 마음을 얻는 데 필요한 인간적 매력이 풍부하여 부하의 충성을 이끌어내는 데 성공할 수 있었던 것이다.

다음은 유비의 매력을 단적으로 말해 주는 이야기다.

유비가 조조의 맹추격을 받으며 강릉江陵을 향해 후퇴할 때의 일이다. 유비의 덕을 사모한 백성들이 하나, 둘씩 모여들면서 그 수가 십만을 헤아리게 되고 수차 역시 수천 량에 달하는 대군으로 불어났다. 이로 인해 후퇴하는 속도가 급격히 줄어들기 시작하자 이 상황을 보고 걱정한 참모가 진언을 고했다.

"이대로 가다가 만약 조조의 군대에게 추격당하면 저항하기 어려워집니다. 우리만이라도 강릉으로 서둘러 출발해야 합니다."

급박한 상황이니 백성들을 버리고 도망가자는 얘기였다. 작전상으로는 어쩔 도리가 없는 상황이었다. 그러나 유비는

"큰일을 해내려면 반드시 사람을 얻는 것이 근본이다. 지금 이들은 나를 따라 후퇴하고 있는데, 어떻게 그들만 버리고 떠날 수 있겠는가!"

유비는 급박한 상황에서도 자신을 연모하여 따라온 사람들을 어떻게 버릴 수 있느냐며 참모의 진언을 물리쳤다.

그는 어려운 지경에 처한 상황에서도 사람을 소중히 여기는 자세로 일관했다. 이런 점이 유비의 매력이며, 동시에 사람들의 폭넓은 지지를 받은 이유라고 할 수 있다.

이는 오늘날의 기업에서도 마찬가지다. 필요에 따라 사람을

썼다가 함부로 버리는 방식으로 경영했다가는 사원들의 지원을 얻을 수 없을 뿐 아니라, 일시적으로 성공을 했다 하더라도 지속적인 발전을 기대할 수 없다.

사람을 쓰려면 상대방이 믿고 일할 수 있도록 우선적으로 배려하는 자세가 필요하다.

유비가 힘든 현실 속에서도 살아남은 이유는 사람을 중요하게 생각했기 때문이다.

濟　大　事　必　以　人　爲　本
건질제　큰대　일사　반드시필　써이　사람인　할위　근본본

● 덕과 재물 ●

덕德이 먼저이고,
재財는 그 다음이다

德者本也, 財者末也 『대학大學』

최근의 혼란스러운 정치를 보고 있으면 이 말을 떠올리지 않을 수 없다. 유교의 원전이라고 할 만한 『대학』에 있는 구절로 위정자의 덕이야말로 정치의 근본이고, 재물은 2차적인 것에 지나지 않는다는 뜻이다. 유교의 정치관을 단적으로 표현하는 말이다. 유교에서도 재물(이익 추구)을 무조건 부정하는 것은 아니다. 어디까지나 우선순위의 문제라고 이해하면 좋을 것이다.

그렇다면 어째서 덕이 기본이고 재물이 그 다음일까? 반대의 경우를 생각해 보면 쉽게 이해가 갈 것이다. 윗사람이 재물을 우선시하면 아랫사람도 자연히 재물을 추구하게 마련이다. 그러다 보면 무한한 재물을 얻기 위한 끊임없는 욕망으로 인해 필연적으로 다툼이 일어날 수밖에 없다. 그 결과 위정자가 국민에게 싸움을 부추기는 꼴이 되어버리는 것이다.

요즘의 정치상황을 보라. 정치가 금권에 물들어 자신도 모르는 사이에 '인간만사'가 모두 돈과 권력을 중심으로 돌아가는 세상이 되지 않았는가!

왜 이렇게 되었을까? 그 이유는 지나치게 재물을 좇은 나머지 살면서 근본이라 할 수 있는 덕을 무시했기 때문이다.

덕이란 무엇인가? 유교가 특히 중요시하는 덕목인 인仁, 의義, 예禮, 지智, 신信의 다섯 가지다.

'인'이란 쉽게 말하면 측은히 여기는 마음이다. 다시 말해 상대방의 기분과 입장에 서서 생각해 주는 마음이라 할 수 있다. 가령 사람을 부릴 때도 상대방의 생활이 가능하도록 배려하는 마음으로 대하는 것이다. 그러므로 '싸게 써먹는다'는 식의 생각은 인의 정신에 어긋난다고 할 수 있다.

'의'란 사람이 마땅히 걸어야만 하는 바른 길이다. 이익을 추구하더라도 항상 의로써 멈춰야 할 때 멈출 줄 알아야 한다.

'예'란 사회생활의 규범이다. 이것이 붕괴되면 사회생활 자체가 무너진다. 또한 '지'는 통찰력을 뜻하며, '신'은 거짓을 말하지 않는 것이다.

유교가 말하는 바에 따르면 이러한 덕목들을 누구보다도 우선해서 갖춰야 할 사람들이 바로 '지도자'들이라고 할 수 있다. 이것은 정치에 국한된 이야기가 아니고, 사람이 살아가면서 갖추어 나가야 할 중요하고도 기본이 되는 덕목이라 할 수 있다.

德 者 本 也, 財 者 末 也
덕덕　것자　근본본　어조사야　재물재　것자　끝말　어조사야

대덕大德으로 나라를 다스리고, 소혜小惠를 하지 않는다

治世以大德, 不以小惠 『삼국지三國志』

『삼국지三國志』하면 먼저 생각나는 사람이 제갈공명이다. 그는 지략이 출중한 전략가로서만 잘 알려져 있는데, 그것은 소설이 만들어낸 허구에 지나지 않는다. 실제로 그는 어디까지나 '지지 않는 싸움'을 추구하는 지휘관으로 혹시나 하는 모험을 철저히 배격하였다.

공명은 군사軍事에 관계된 일도 잘했지만 실제로는 오히려 정치에 밝아 촉蜀의 승상丞相으로서 나라를 견실하게 다스렸다. 그는 국가의 총력을 결집하여 나라를 다스리는 8년간 다섯 번이나 원정을 나섰다. 보통의 정치가들이라면 이렇게 무리를 하다 결국에는 나라를 엉망으로 만들어버리기 쉽다. 그러나 공명의 경우 전혀 흐트러짐이 없었으니 과연 발군의 통솔력이라 할 만하다. 어떻게 그런 정치가 가능했을까?

공명의 정치는 원래가 신상필벌信賞必罰의 엄격함이 기본이었다. 바로 이 점이 전략가로만 알려진 소설의 이미지와는 상당히 다른 부분이다. 가령 공명이 "울면서 마속馬謖을 벤" 것과 관련한 유명한 이야기가 있다. 참패의 빌미를 제공한 마속의 책임을 묻지 않으면 전군을 통솔하기 어렵기 때문에 울면서 마속을 처형한 것이었다. 그는 이러한 엄중함을 정치에도 그대로 적용했다. 그러다 보니 국가에 경사는 있어도 대사면 같은 일이 없었다.

어떤 이가 이를 보고

"공公께서는 사면은 하지 않습니까? 때로는 사면으로 국민의 기대에 부응해 주는 일은 어떻습니까?" 하고 진언을 했다. 이때 공명의 대답이 여기에 인용하는 구절이다.

'대덕'이란 커다란 생각으로 정치의 근본이라 할 수 있으며, '소혜'란 작은 은혜다.

멋대로 작은 은혜를 베풀고 국민의 환심을 사는 일에만 매달리다 보면 결국에는 정치가 갈 곳을 잃어버리고 만다는 뜻이다.

현대사회도 마찬가지다. 섣부른 민주주의로 인기에 영합하려는 사람들이 있다. 물론 보조금을 남발하고 복지사업을 하는 등 '소혜'에 의존하면 훨씬 쉽고 빠르게 인기를 얻을 수도 있다. 그러나 정치가 이런 일로만 멋을 부린다면 언젠가 재정파탄이 날 수밖에 없다. 정치가들은 국민의 생활이 안정되도록 소혜보다는 근본적인 부분에 배려를 해야 하는데, 그것이 바로 정치의 '대덕大德'이다.

　공명은 이러한 정치를 항상 가슴에 새기고 있었기에 발군의 통솔력을 발휘할 수 있었던 것이다. 이는 오늘날의 정치가, 지도자들이 배워야 할 교훈이 아닐 수 없다.

治 世 以 大 德, 不 以 小 惠
다스릴치 세상세 써이 큰대 덕덕 아닐불 써이 작을소 은혜혜

청렴하지만 포용력이 있고, 생각이 있으면서도 결단력이 뛰어나다

清能有容, 仁能善斷 『채근담菜根譚』

조직의 리더는 어떠해야 하는가? 중국 고전은 다양한 각도로 이 문제에 대해 다루고 있다. 다음은 『채근담』에 나오는 내용이다.

청렴하면서 포용력이 있다. 생각이 있으면서 결단력이 뛰어나다.

'청'이란 청렴을 말하며, 한마디로 아름다운 일이라 할 수 있다. 이는 특히 공직에 있는 사람에게 꼭 필요한 조건 중 하나다. 그런데 청렴에도 문제가 있다. 다름이 아니라 어설프게 청렴할 경우 자칫 주변 사람들이나 부하에게까지 청렴할 것을 기대하고 요구하게 된다. '청'으로 자신을 다스리는 것은 좋으나 그것을 남에게 일방적으로 강요하다 보면 강요받는 쪽에서는 견디기가 힘들어 도망가고 싶어진다.

이 세상에는 여러 형태의 사람이 있고 부하 역시 마찬가지다. 사람이든 일이든 저마다 일장일단一長一短이 있으므로, 적절히 조화를 이루도록 배려하는 것이 리더의 역할이다. '청'만을 내세우다 보면 중요한 일을 놓칠 수 있다. 그래서 청렴하면서 포용력이 있는 방법이 필요하다.

'인'이란 마음 씀씀이다. 이것 역시 리더에게 없어서는 안 될 중요한 조건 중 하나로, 리더에게 '인'이 결여되어 있으면 주변에 사람이 모이지 않는다. 그러나 '인'에도 함정이 있는데, '인'이 지나칠 경우 정작 중요한 결단을 내려야 할 때 애를 먹게 되는 것이다. 이런 식으로는 리더로서 실격이라 하겠다.

리더란 때로는 비정한 결단을 내리지 않으면 안 되는 경우가 있다. 예를 들어 대大를 위해 소小를 희생시켜야 하는 상황에서 '인'에 얽매여 결단을 주저한다면 리더로서의 책임을 완수할 수 없다.

결단을 내릴 때 냉정한 마음만 가지고 비정하게 굴면 상대방은 반발심이 생겨 결국 원한을 사게 된다. 어디까지나 '인'의 마음을 가진 다음에 비정한 결단을 내려야 한다. 그래야 리더가 비로소 비정한 결단을 내려도 모든 이들의 지지를 얻어내고 납득시킬 수가 있다.

이상에서 본 바와 같이 '청'과 '인'은 모두 훌륭한 덕이다. 그렇지만 아무리 훌륭한 덕이라도 어느 한쪽만 지나치거나 혹은 한쪽에만 연연하면 오히려 역효과가 나타난다. 리더는 이 부분도 충분히 주의해야 한다.

淸　能　有　容,　仁　能　善　斷
맑을청　능할능　있을유　담을용　어질인　능할능　착할선　끊을단

군자는 윗사람에게 아부하지 않고, 아랫사람에게 흐트러짐이 없다

君子上交不諂, 下交不瀆 『역경易經』

윗사람에게 어떻게 봉사하고, 또 아랫사람에게는 어떻게 대하는 것이 좋을까? 『역경』에서는 조직 속에서의 인간관계에 대해 충고하고 있는데, 여기에 따르면 다음의 내용에 주의해야 한다.

첫째, 윗사람에게는 성실한 태도로 봉사하되 특별히 아첨하지 않는다.

둘째, 부하에게는 친절하게 대하되 자신을 일부러 폄하하지 않는다.

이것이 군자가 지녀야 할 모습이라고 한다.

그렇다면 윗사람에게 어떻게 봉사할 것인가?

어느 조직에 가나 아첨을 떨어서 윗사람의 기분을 맞추려 하는 사람이 있다. 윗사람의 기분을 맞추는 일도 때론 필요하다. 그렇다고 매번 아첨하여 기분을 맞추려 한다면 어떻게 될까? 형편없는 상사라면 모르는 척 눈감아 줄지 모르지만, 훌륭한 상사일 경우에는 '이놈, 이 정도밖에 안 되는구나.' 하고 멀리하거나 싫어할 가능성이 높다. 결국 애써 힘들게 기분을 맞추고도 역효과만 낳게 되는 것이다.

윗사람에게도 여러 가지 유형이 있는데, 윗사람이 기분 맞춰 주기를 바란다면 때로는 적당히 아첨할 필요도 있다. 그러나 줄곧 아첨하는 것으로만 일관하면 상대방이 오히려 얕잡아 볼 염려가 있다. 때로는 해야 할 말을 하는 것 또한 의무이며, 그 정도의 품격은 갖출 필요가 있다.

다음으로, 부하 직원을 대하는 태도를 살펴보자.

윗사람은 조직을 정비하고 부하 직원을 통솔하기 위해 항상 대화를 잘 이끌어나갈 필요가 있다. 또한 부하 직원의 성격, 관심 사항, 가정 사정 등에 대해서도 파악해 둘 필요가 있다. 아무래도 윗사람과 부하 직원의 일방적인 관계만으로는 무리가 따르기 때문에 때때로 모임 등을 통해 인간적인 친교를 맺을 필요가 있는 것이다.

조직의 화합은 친밀한 관계 속에서 생겨나지만, 지나치면 '친함'으로 변질될 수도 있다. 그런데 '화'와 '친함'은 전혀 다른 것이다. '화'란 주체성을 가지고 사이를 좋게 하는 것을 말하고, '친함'이란 주체성 없이 착 들러붙어 사귀는 상태를 말한다.

몇몇 부족한 상사들이 부하 직원들 사이에서의 인기와 평판을 의식해서 '친함'의 관계를 만들려고 애쓰는데, 그렇게 하면 오

히려 부하 직원들에게 업신여김을 당하거나 얕잡아 보여 통솔할
수 없게 된다. 부하 직원과 친하게 지내는 것은 좋지만 선을 분명
하게 그을 필요가 있다.

君　子　上　交　不　諂，下　交　不　瀆
임금군　아들자　위상　사귈교　아닐불　아첨할첨　아래하　사귈교　아닐부　더러워질독

한 번 머리를 감으며 세 번 움켜쥐고, 한 번 식사에 세 번 뱉어낸다

一沐三握髮, 一飯三吐哺 『십팔사략十八史略』

중국의 유구한 역사 속에 명보좌관 하면 제일 먼저 거명되는 이름이 주공 단周公旦이다.

지금으로부터 3천 년 전에 황하 유역에 주周 왕조가 성립되었다. 주공 단은 형인 무왕武王을 도와 건국에 참여하였고, 무왕이 죽은 후에는 조카인 성왕成王을 도와 왕조 체제의 기초를 다졌다. 그의 노력이 없었다면 주 왕조는 건국하고 얼마 지나지 않아 붕괴의 길을 걸었을지도 모른다.

성왕 시절 주공 단은 공적을 인정받아 노魯에 봉지封地*를 받고는 노공魯公으로 봉해졌다. 그러나 주공 단은 중앙의 정치로 바빠 봉지로 갈 수가 없었기 때문에 자식인 백금伯禽을 대신 보내기로 했다. 이때 그는 백금에게 다음과 같이 경계의 말을 했다.

"나는 문왕文王의 아들이며, 무왕의 동생이고, 지금 왕의 숙부다. 그런고로 한번 머리를 감으며 세 번 움켜쥐었고, 한 번 식사를 하면서 세 번 뱉어내었다. 일어서서 선비를 대하여도 천하의 현인을 잃을까 두려웠다. 아들이여! 노나라에 가거든 부디 왕이라고 으스대지 말아라."

쉽게 풀어보면 "나는 문왕의 아들이며, 무왕의 동생이자, 지금의 왕에게는 숙부가 된다. 그러나 이렇게 높은 지위에 있으면서도 머리를 감을 때 손님이 찾아오면 곧바로 머리 감기를 중단하고 흘러내리는 머리를 손으로 잡으며 손님을 맞았다. 이런 일이 한 번 머리를 감는 사이에 몇 번이나 있었다. 또한 식사 중에 손님이 찾아오면 곧바로 식사를 중단하고 입 안의 음식을 뱉어낸 다음 손님을 맞이하였다. 이런 일이 한 번 식사하는 사이에만 해도 몇 번씩이나 있었다." 주공 단은 자식에게 노나라에 가거든 국왕이라고해서 결코 거드름만 피워서는 안 된다는 것을 강조한 것이다.

이 이야기에서 우리는 주공 단의 겸허한 사람됨을 느낄 수 있다.

가령 목욕이나 식사 중에 손님이 찾아오면 대부분 어떻게 할까? 요즘에는 상대방을 방문할 때 약속을 하는 것이 일반적이기 때문에 위와 같은 일은 좀처럼 일어나지 않지만, 혹시라도 불시에 손님이 찾아올 경우 내가 하던 일을 마칠 때까지 상대방을 기다리게 한다고 해서 이상한 것은 아니다. 특히 주공 단은 그 당시 신분이 매우 높았기 때문에 찾아온 손님을 기다리게 한다고 해도 아무도 괘씸하게 생각하지 않았을 것이다. 그러나 그는 상대방을 기다리게 하지 않았다.

윗자리에 앉은 사람은 겸손해야 한다고 다들 쉽게 이야기하지만 그것은 결코 쉬운 일이 아니다. 그러나 주공 단은 그것을 실천했다. 그래서 지금까지도 주공 단은 명관으로 추앙받을 수 있게 된 것이다.

봉지: 제후의 영토

一 沐 三 握 髮, 一 飯 三 吐 哺
한일 머리감을목 석삼 쥘악 머리털발 한일 밥반 석삼 토할토 먹을포

사람을 농락하면 덕을 잃고, 사물을 농락하면 뜻을 잃는다

玩人喪德, 玩物喪志 『서경書經』

'완인상덕, 완물상지玩人喪德, 玩物喪志'란 사람을 얕잡아 보고 대충 대하면 덕을 잃고, 재물에만 의존해서 좌지우지되면 뜻을 잃어버린다는 의미다. 특히 뒷부분의 '완물상지'는 유명한 4자성어다.

그렇다면 사람을 농락한다는 말은 어떤 의미일까? 예를 들어 상대방의 기분은 전혀 고려하지 않고 이 녀석 한번 이용해 보자는 속셈으로 접근하거나, 사람을 쓸 때도 한번 혹사시켜 보자는 태도가 노골적으로 드러나는 인간관계를 취하는 방식을 가리켜 사람을 농락한다고 말한다. 이런 상황에서는 '덕'이란 요소를 찾아볼 수가 없다.

나에게 덕이 없으면 일단 주변에 사람이 모이지 않고 신뢰도 얻을 수가 없다. 그리하여 남들이 싫어하거나 증오하는 대상이 될 일도 없다. 그러나 덕이 없으면 일시적으로 출세할 수는 있어도 오래가지는 못한다.

그 좋은 예로 외국인 노동자를 대하는 태도를 들 수 있다. 요즘 어디를 가나 아시아권을 비롯한 저개발 국가의 외국인 노동자들이 자주 눈에 띄는데, 기업주들이 그들을 심각하게 착취하는 경우가 종종 있다고 한다. 한심한 일이다. 왜냐하면 다른 나라에 와서 착취를 당한 이들이 그 나라 혹은 그 나라 사람들에게 좋은 감정을 품을 리가 만무하기 때문이다.

역효과는 언젠가 반드시 나타나게 되어 있다. 상대가 외국인 노동자냐 아니냐에 관계없이 상대방의 인격과 생활에 대해 배려해야 한다. 그렇게 해야 상대방도 기쁘고 본인도 덕을 쌓을 수가 있기 때문이다.

또 한 가지, 사물을 농락하는 것 역시 근래의 풍조를 생각해 보면 쉽게 이해할 수 있다.

우리는 최근 수십 년간 물질만능주의에 젖어 물질[物]에 집착해 왔다. 그 결과 엄청난 경제성장을 이룩한 반면 잃은 것도 적지 않다. 그 하나가 여기에서 말하는 '뜻[志]'이다.

'뜻'이란 인생의 목표다. 사람이든 기업이든 국가든 뜻이 없으면 파도의 거품과 같은 존재에 지나지 않는다. 뜻이 없으면 주변 사람들로부터 "저 녀석 뭘 하는 거야!" 하는 비판을 받게 된다.

이는 경영에서도 마찬가지다.

"무엇을 위해 기업경영을 하는가?"라고 물었을 때 "이익을 추구하기 위해"라고 대답한다면 어딘지 모르게 씁쓸하다. 얻은 이익을 어디다 쓸 것인지는 뜻이 있느냐 없느냐에 향방이 달려 있다.
경영에서도 뜻의 중요성이 회복되어야 한다.

玩 人 喪 德, 玩 物 喪 志
희롱할완 사람인 죽을상 덕덕 희롱할완 만물물 죽을상 뜻지

평범한 덕[庸德]을 행하고, 일상의 말[庸言]을 삼간다

庸德之行, 庸言之謹 『중용中庸』

한 사람의 사회인으로서, 특히 리더로서 주어진 책임을 수행하기 위해서는 주위의 신뢰가 필요하다. 그렇다면 어떻게 해야 주위의 신뢰를 얻을 수 있을까?

여기에 『중용』의 가르침을 들어보자.

'용庸'이란 흔하게 있는 평범함이라는 뜻으로, '용덕庸德을 행한다'는 말은 보통의 평범한 덕을 쌓는다는 의미다. 또한 '용언庸言을 삼가다'라는 말은 보통의 발언, 즉 일상에서 말을 신중하게 한다는 뜻이다. 일상생활에서 조금씩이라도 이러한 노력을 계속하는 것이야말로 주위의 신뢰를 얻을 수 있는 지름길이다.

'용덕'이란 구체적으로 무엇을 말하는가? 생각나는 대로 몇 가지 예를 들면 우선 상대에 대한 배려가 있다. 이는 자신의 이익과 권리만 주장하는 것이 아니라, 상대방의 기분과 입장에 서서 생각하는 것을 말한다. 좀 따뜻한 마음이라 해도 좋겠다.

더욱이 타인의 조그만 결점을 찾아내어 헐뜯는다면 이는 관용의 자세가 아니다. 자신의 지위와 권력을 내세워 사람을 깔보면 반드시 반발을 불러일으키게 되어 있다. 오히려 높은 지위에 있을수록 겸허하게 스스로를 낮추는 것 또한 '용덕'이라 하겠다. 결국 가능하면 자신을 낮추고 상대방을 존중해 주는 일이다. 이를 마음에 새기고 있으면 '용덕'에 보다 더 가까이 다가갈 수 있다.

다음은 '용언'인데, 여기서 주의할 점은 경솔한 수락이다. 상대방의 말에 대해 깊이 생각해 보지도 않고 "예, 예. 알겠습니다. 어떻게 해보죠." 하는 식으로 경솔하게 대답하는 태도다. 경솔해서 잘되는 일은 드물다. 나중에 가서야 약속을 지키기 위해 애써 보지만 결국 모두 실패하고 "죄송합니다. 일이 어렵게 되었습니다." 하고 상대에게 사과해야 하는 상황을 초래한다. 힘들게 고생해 놓고 상대의 신뢰마저 잃어버리게 되는 것이다. 이는 경솔히 행동한 결과로 바보 같은 짓이 아닐 수 없다. 특히 술을 마셨을 때는 경솔해지기 쉬우므로 여러 가지로 조심해야 한다.

『중용』에서는 용덕과 용언에 대해 다음과 같이 주의를 환기시키고 있다.

1. '용덕'을 쌓아갈 때는 아무래도 노력이 부족해지기 쉬우므

로 항상 자신을 격려해야 한다.

　2. '용언'에 관해서는 자칫 넘칠 수 있으니 항상 제동을 걸어 경솔한 수락이나 실언을 삼가도록 해야 한다.

庸　德　之　行,　庸　言　之　謹
쓸용　덕덕　갈지　행할행　쓸용　말씀언　갈지　삼갈근

술수로는 안 되지만, 지략에 이르면 아무도 막지 못한다

雖不事奇計變詐, 至於德慧術知, 亦不可無『신음어呻吟語』

성의誠意 또는 성실誠實은 사람이 갖추어야 할 미덕으로 인간 관계에서나 사업에서나 필요한 덕목임에 틀림없다. 이 덕목이 없는 사람은 주변의 신뢰를 얻지 못할 뿐만 아니라, 아무도 상대해 주지 않으려 한다.

그렇다고 성의와 성실함만으로 이 치열한 세상을 살아가기에는 일말의 불안감이 있다. 세상에는 여러 종류의 사람들이 있다. 내가 아무리 성의를 보여도 통하지 않는 사람이 있을 수도 있고, 처음부터 시비를 걸기로 작정했거나 속이려는 사람도 있을 수 있다. 안타깝지만, 이것이 인간사회의 현실이다.

그렇다고 상대방의 도전에 호락호락 당하고만 있다면 이 또한 한심스러운 일일 것이다. 상대의 도전을 되받아쳐 주려면 나름대로의 '무기'로 무장해 둘 필요가 있다. 그렇다면 어떤 '무기'가 필요한가? 여기에 『신음어』의 구절이 참고가 될 만하다.

'기계변사奇計變詐'란 사람을 속이거나 함정에 빠뜨리는 술수를 말하고, '덕혜술지德慧術知'란 교묘한 책략을 궁리하는 지혜, 즉 지략을 의미한다. 모두 임기응변의 방책임에는 틀림없지만, '기계변사'는 사용하지 말아야 할 방법이고 '덕혜술지'는 반드시 읽혀두어야 할 술책이다.

칼에 비교하면 이해가 쉬울지도 모르겠다. '기계변사'가 변방의 요괴검[妖刀]이라면 '덕혜술지'는 정통 명검[名刀]이다. 요괴검을 휘두르면 다른 사람을 다치게 하고 자신도 상처를 받게 되지만, 명검은 다른 사람도 살리고 자신도 살릴 수 있다. 염두에 두고 있어야 할 덕목이다. 『신음어』도 이 점을 시사하고 있다.

이것은 보통 사람들보다는 리더가 갖추어야 할 조건에 가깝다. 리더에게 이것이 결여되어 있으면 자신은 물론 조직까지 파멸시킬 위험이 있다.

그럼 '덕혜술지'를 익히려면 어떻게 해야 할까?

독서를 하고 다른 사람의 이야기를 듣는 것도 어느 정도 도움이 된다. 그러나 그보다 중요한 것은 인생체험을 통해 고생 속에서 자신을 연마하는 일이다. 따라서 고생을 많이 해보는 것도 이런 관점에서 본다면 좋은 일이다. 그러나 고생을 한다 해도 자신을 연마하는 방식으로 하지 않으면 아무것도 얻을 수 없다.

믿음직한 리더가 되려면 성의와 성실만으로는 불안하다. 반드시 '덕혜술지'를 쓸 줄 알아야 한다.

雖　不　事　奇　計　變　詐,
비록수　아닐불　일사　기이할기　꾀계　변할변　속일사

至　於　德　慧　術　知, 亦　不　可　無
이를지　어조사어　덕덕　슬기로울혜　꾀술　알지　또역　아닐불　옳을가　없을무

자신이 하기 싫은 일은 다른 사람에게도 시키지 마라

己所不欲, 勿施於人 『논어論語』

다음은 『논어』에 있는 유명한 구절로 아는 사람도 많으리라.

하루는 자공子貢이라는 제자가 공자에게 묻기를

"한마디로 일생 동안 행할 만한 덕이 있습니까?"

즉 한마디로 일생 동안 신조로 삼을 만한 말이 있느냐고 물었다. 이에 공자는 대답했다.

"그것은 '서恕'다. 내가 하기 싫은 것은 상대에게도 시켜서는 안 된다는 것이다."

공자는 우선 '서(어짐)'라는 단어를 예로 들면서, 그 의미를 '다른 사람이 자신에게 해달라고 하는 것이 싫으면 자신도 남에게 시켜서는 안 된다.'라고 해설하고 있다. '서'의 원래 의미는 상대방 입장이 되어보는 마음으로 '인仁'에 자주 비교된다. '인'이란 인간적인 공감이라고 할까? 자신도 남도 서로 같은 인간이라는 전제로 연대 감을 표시하는 말이다. 따라서 구체적으로 상대방의 기분을 생각한다는 점에서는 '인'과 '서'가 서로 공통되지만, 그 의미에 있어서는 '인'이 훨씬 광범위하다고 할 수 있겠다.

어쨌든 '서'를 일생의 신조로 삼는다는 점에서 공자의 인물 됨됨이를 보면 그는 따뜻한 마음의 소유자이며, 또 큰 그릇이라는 느낌이 든다.

공자라는 인물은 일반적으로 '성인군자'의 이미지가 너무 강해서 어딘지 접근하기가 쉽지 않은 인상을 준다. 그러나 공자가 분명 뛰어난 인물이긴 하나 공자도 처음부터 '성인군자'는 아니었다. 공자는 가난한 집에서 나고 자랐으며, 정치에 있어서도 불우했다. 그러나 불행한 환경에 굴복하지 않고 고난을 뛰어넘어 자신의 그릇을 크게 키웠다. 이런 점이 바로 공자의 뛰어난 품성이라 하겠다.

『논어』에는 이와 같이 고난을 뛰어넘은 사람들의 이야기에 관한 기록이 많다. 또한 세월이 흐른 지금까지도 인간학의 지침으로 도움이 될 만한 내용들이 적지 않은데, 가만히 보면 지극히 평범하면서도 깊은 의미를 담고 있는 부분이 많다.

우리는 부부, 부모자식, 친구, 동료 등 다양한 인간관계 속에서 사회생활을 영위하고 있다. 그런데 요즘 어디를 보나 그 인간관계들이 제대로 이루어지지 않고 있다. 심지어 단절되었다고 말

하는 사람까지 있을 정도로 모두 냉랭해졌다고 할 수 있다. '서'의
마음은 그 입장을 바꿔보는 것부터 상당한 변화가 올 수 있을 것
이다.

己　所　不　欲,　勿　施　於　人
자기기　　바소　　아닐불　하고자할욕　말물　　베풀시　어조사어　사람인

● 베푸는 삶 ●

있을 때 베풀지 않으면
궁할 때 받을 것이 없다

有而不施, 窮無與也 『순자荀子』

돈이란 벌기는 쉽지만 쓰기가 어렵다고 한다. 어렵사리 일하며 고생하고 있는 사람들에게는 이상하게 들리겠지만, 돈은 그런 속성을 갖고 있다.

멀리 갈 것 없이 우리 주변을 봐도 돈을 제대로 쓰지 못하는 사람들이 얼마나 많은가? 그중에는 일부러 다른 나라까지 가서 땅을 사 모아 쓸데없이 반감을 불러일으키는 이들도 있는데, 벼락부자일수록 이런 경향이 더욱 심하다. 또한 한번 손에 넣으면 절대로 내놓지 않는 사람도 있는데, 그렇게 하면 돈이 살아 있다고 할 수 없다. 돈이란 사용할 때 비로소 의미가 있는 것이다.

그렇다면 돈을 어떻게 사용하는 것이 좋을까? 돈을 어떻게 사용하느냐에 따라 그 사람의 그릇을 알 수 있다.

중국 고전에서 말하는 인간학의 가르침을 살펴보면 부자에도 부자의 미학이 있다고 한다. 그 미학을 알 수 있는 수단이 바로 돈의 사용방법인데, 돈이란 의미 있게 썼을 때 비로소 그 가치를 인정받을 수 있는 것이다.

화교들 중에는 맨몸으로 해외에 나가서 자신의 몸 하나를 밑천 삼아 시작하여 한눈 한 번 팔지 않고 일하는 사람들이 대부분이다. 그들은 보통 사람들과는 비교도 안 될 정도로 열심히 일한다. 그러다 오랜 고생 끝에 생활이 풍족해지고 어느 정도 재산을 모으고 나면 의식 있는 사람들은 사회로 환원하는 것에 대해 생각한다. 그중에는 고향 마을에 덥석 대학을 기부하는 이도 있는데, 대학에 약간의 돈을 기부하는 정도가 아니라 대학 자체를 기부하는 것이다. 큰 부자는 큰 부자 나름대로, 또 작은 부자는 작은 부자대로 사회로의 환원에 대해 생각한다.

대부분의 사람들은 이 점에서 의식이 아주 빈약하다.

부자라면 부자로서의 의무를 이행해야 한다. 그 의무란 나눌 줄 아는 것이다. 나누어 준다고 해서 무슨 대가나 인정을 바라는 것이어서는 안 된다. 나누어 주는 일 자체를 스스로 즐기며 하는 것이 좋다.

번영이란 언제까지나 계속된다는 보장이 없으며, 어느 순간에 갑자기 망해 버릴 수도 있다. 그러므로 여유가 있을 때 베풀고 살면 훗날 힘든 순간에 조금이나마 음덕陰德이 되어 돌아올 수 있음을 기억하라.

有　而　不　施,　窮　無　與　也
있을유　말이을이　아닐불　베풀시　가난할궁　없을무　더불여　어조사야

● 인과 의 ●

인仁은 마음의 도리이고,
의義는 사람이 걸어야 할 길이다

仁人心也, 義人路也 『맹자孟子』

　『맹자』는 무엇보다도 '인'과 '의', 이 두 가지를 갖추었을 때 비로소 신뢰받는 사회인이 될 수 있다고 말한다. 당연한 이야기다. '인'이란 쉽게 말하면 배려이다. 따뜻한 마음이라 바꿔 말해도 좋겠다.

　왜 이것이 필요할까? 반대의 경우를 생각해 보면 이해가 쉬울 것이다.

　가령, 평소에 줄곧 냉정한 얼굴을 하고 있는 사람이 있다고 하자. 그 사람의 얼굴만 봐도 다가가고 싶은 마음이 싹 사라져버린다. 그렇다고 억지로 좋은 인상을 풍기려 하는 것도 무리다. 바보가 아닌 이상 '저 사람은 겉만 번지르르하구나!' 하고 즉시 간파해버릴 것이다. 역시 따뜻한 마음이 그 사람의 얼굴이나 태도를 통해 자연스럽게 우러나야 보기에도 좋다.

단, '인'에는 유의해야 할 점이 두 가지 있다.

첫째, 과잉 배려다. 이쪽저쪽 지나치게 많은 생각을 하다 보면 진퇴양난에 처하게 된다. 이렇게 되면 중요한 결정을 내릴 수가 없다. 이런 상태를 '인'의 역효과라 한다.

둘째, 가치 없는 배려다. 이것은 중요한 부분은 제쳐두고 작은 일에만 신경을 쓰는 것을 말한다.

예를 들어 사원에게 일을 시킬 때 되도록 힘든 일을 많이 시키겠다고 생각한다면 이는 분명히 '인'의 정신에 반하는 행위다. 그렇다고 해서 어설프게 듣기 좋은 이야기와 부드러운 태도로만 대한다면 이는 겉으로는 '인'의 정신에 부합하는 듯하나 실제로는 가치 없는 '인'이라 할 수 있다. 무엇보다 상대를 진정으로 배려하는 것이 중요하다.

다음은 '의'다. '의'란 사람으로서 당연히 걸어야 할 바른 길로 분별력이라고도 할 수 있다. '의'는 '이득[利]'과 대비해서 말하는 경우가 많다. 예를 들어 "이익을 보면 의를 생각한다."(논어)와 같은 표현이 있다.

공자도 맹자도 '이득[利]' 자체를 부정하지는 않았다. 다만 사람이란 가만히 내버려 두면 점점 '이득[利]' 쪽으로만 달려 나가므로 결국에는 '의'가 사라져버리기 때문에 "이익 추구도 좋지만, 사람으로서 가야 할 길을 벗어나서는 안 된다."라고 하는 것이다.

『맹자』는 "의를 뒤로하고 이득[利]을 먼저 추구하면 그 끝이 없다."라고 단언하고 있다.

오늘날 더욱 의미가 새로운 지혜라 할 것이다.

仁　人　心　也,　義　人　路　也
어질인　사람인　마음심　어조사야　옳을의　사람인　길로　어조사야

백이伯夷에 대해 들은 사람은
탐욕이 사라지고 뜻을 세운다

聞伯夷之風者, 頑夫廉懦夫有立志 『맹자孟子』

요즈음의 정치판을 보고 있으면 '저 사람은 수십 년 동안 정치하면서 도대체 뭘 배운 거야?' 하고 묻고 싶은 사람들이 많다. 설득력 있는 지도자가 되려면 무엇보다도 자신을 부단히 갈고닦아야 한다. 유교에서는 윗자리에 오르는 사람일수록 자신을 수양하라고 가르친다.

그렇다면 어떻게 자신을 갈고닦아야 할까? 생각건대 두 가지방법이 필요하다.

첫째, 일과 생활 속에서의 수양이다. 이러쿵저러쿵해도 고난을 통해서만 얻을 수 있는 부분이 분명히 있으므로 억지로 고난을 피하려 하면 안 된다. 단, 고난의 연속은 사람을 무너뜨릴 염려가 있다. 될 수 있는 한 고난을 촉매로 자신을 키울 수 있어야 한다.

둘째, 독서를 통한 노력이다. 단, 주의할 점은 가치 없는 책은 아무리 읽어도 도움이 안 되므로 책을 선택할 수 있는 능력을 키워야 한다. 잡지나 신문에 소개되는 책도 무조건 믿기보다는 스스로 선택할 수 있어야 한다.

자신을 수양할 수 있는 책으로는 고전, 역사 그리고 종교에 관한 서적들이 있다. 고전을 읽으면 인생의 이치에 대한 가르침을 받을 수가 있고, 역사를 알면 뛰어난 선인들의 삶의 방식을 배울 수가 있다. 또한 종교서는 인생에 대해 생각할 수 있는 기회를 만들어준다.

『맹자』가 여기서 말하는 내용은 고전과 역사를 통해 선현의 지혜를 배우자는 것이다. 백이伯夷는 "주周나라에서 나는 음식은 먹지 않겠다."라고 말하고 수양首陽산으로 들어간 현자로, 청렴한 인물로 알려져 있다. 그의 청렴한 삶의 태도를 알고 나면 아무리 탐욕스런 인간이라도 사욕私慾을 삼가게 되고, 아무리 의지가 박약한 인간이라도 뜻을 세워 살게 된다.

특별히 백이를 예로 들지 않더라도 예로부터 뛰어난 정치가를 비롯하여 훌륭한 인물들은 늘 많았다. 그들에 대해 배운다면 자신을 향상시키는 데 도움이 될 것이다.

오늘날의 정치가들에게도 나름대로 고통이 있고 훌륭한 인물도 있겠지만, 얼굴을 보는 것만으로도 친밀감이 가는 사람은 극히 적다. 누구보다도 지도자의 위치에 있는 사람들은 책을 통해 선현의 지혜를 배우는 것이 필요할 것이다.

聞　伯　夷　之　風　者,
들을문　맏백　오랑캐이　갈지　바람풍　놈자

頑　夫　廉　懦　夫　有　立　志
완고할완　사나이부　청렴할렴　나약할나　사나이부　있을유　세울립　뜻지

인격忍激의 두 글자는
행복과 불행의 경계가 된다

忍激二字是禍福關 『신음어呻吟語』

나는 젊어서부터 내 또래의 그 어떤 사람들 못지않게 고생을 해본 경험이 있어서인지 상당히 참을성이 많으면서도 동시에 성격이 급한 면도 있어 이를 억제하는 데 매우 곤란을 겪을 때가 종종 있다.

예를 들어 골프를 할 때 앞에서 플레이하는 그룹이 늦장을 부리면 금세 "이거 참!" 하고 소리를 지르고 싶어진다. 따라서 그럴 때는 가능하면 앞에 있는 그룹을 되도록 안 보려고 한다. 또한 역에서 표를 끊을 때도 앞에 네다섯 명이 줄을 서 있으면 그냥 돌아서 오는 경우도 이따금씩 있다.

이 정도면 그래도 괜찮은데, 급한 성미가 폭발해서 밖으로 표출될 때가 종종 있다. 그런데 남에게는 어떻게든 조심하려고 애쓰다 보니 결국 아내에게 온갖 성질을 다 부리게 된다. 그러고는 얼마 안 있어 반드시 후회하곤 하는데, 그럴 때면 두세 걸음 뒤로 물러나 아내의 기분을 맞춰주는 입장이 된다. 내가 생각해도 참으로 한심한 일이다.

'급한 성질은 손해 보는 성질'이라는 말처럼 여기에 인용하는 『신음어』의 내용도 이를 변형해서 표현하고 있다.

가만히 참아낼 것인지, 일시적 감정에 이끌려 폭발할 것인지 중에서 어느 쪽을 선택하는가가 행복과 불행의 경계가 된다.

『신음어』에서는 알면서도 그칠 수 없는 이유는 아직 인간으로서의 수양이 덜 되었기 때문이라고 말하고 있다.

원망하고 화를 내고 변명하고 주장하고 기뻐하고 놀랐을 때 그 감정을 평온하게 하는 능력은 대부분 수양에서 온다.

원망과 미움의 감정이 치밀어오를 때, 변명하거나 주장하고 싶을 때, 또는 기쁨과 놀라움을 표현하고 싶을 때 이성적으로 대응하기 위해서는 평소에 충분한 수양을 쌓아야 한다는 의미다.

감정을 폭발하지 말라고 하는 것이 감정 자체를 억누르라는 뜻은 아니다. 감정이 없으면 마른나무와 같은 사람이 되어 사물에 반응할 수 없게 된다. 중요한 점은 자제력인데, 자제력을 키우기 위해서는 수양을 해야 한다. 열심히 노력해서 충분히 수양하면 누구라도 좀더 나은 사람이 되지 않겠는가!

忍　激　二　字　是　禍　福　關
참을인　물결부딪쳐　두이　글자자　이시　재앙화　복복　빗장관
　　　흐를격

덕에 순응하는 자는 흥하고, 덕을 거스르는 자는 망한다

順德者昌，逆德者亡『십팔사략十八史略』

유방劉邦이 항우項羽를 상대로 천하를 다툴 때 당시 현자賢者가 한 말이다.

'덕에 순응하는 자'는 천하의 인심을 얻는 데 반해 '덕을 거스르는 자'는 인심을 잃는다.

'덕德'이란 무엇인가? 여기에서는 유교에서 말하는 인仁, 의義, 예禮, 지智, 신信을 가리킨다고 할 수 있다.

'인'이란 상대방에 대한 배려나 따뜻한 마음을 뜻한다. 인이 없으면 주위에 사람이 모이지 않는다. '의'는 인간으로서 당연히 걸어야 하는 바른 길이다. 정도를 벗어나면 주위의 지지를 받을 수 없을 뿐만 아니라 격심한 비난을 피할 수 없다. '예'란 예절을 말하는데, 인간관계의 경계선이라고 해도 좋다. '지'란 앞날을 예측하고 정세의 변화에 적절히 대처하는 능력으로 통찰력이라 할 수 있다. 지가 없으면 어려운 현실을 헤쳐나갈 수가 없다. 마지막으로 '신'이란 약속한 일은 반드시 지킨다는 의미다. 바로 이 신의가 있어야 주위의 신뢰를 얻을 수가 있다.

유교는 이상의 다섯 가지 항목을 '오상五常'이라 하여 특히 중요한 덕으로 보고 있다. 현자가 유방에게 말한 덕에 관한 내용 중에는 이들이 포함되어 있다. 덧붙인다면 유방은 후에 이러한 덕에 순응하는 것으로 세상 사람들에게 신망을 얻어 천하를 경영하는 길을 걸었다고 한다.

이는 특히 오늘날의 기업경영에도 충분히 참고할 만한 내용이다. 기업을 경영하는 것은 기본적으로 이윤을 추구하는 것이 목적이다. 필요한 이익을 내는 것까지 안 된다고 한다면 기업은 존립할 수가 없으며, 그 기업을 경영하는 사람은 경영자로서도 실격이다. 열심히 노력해서 이익을 내고, 또 착실히 세금을 납부하면 되는 것이다. 이것이 세상이 돌아가는 이치다. 일부 경영자들처럼 이익을 감추고 법망을 피해 다니는 짓은 언어도단이지만, 그렇다고 필요한 이익마저 내지 않는 경영자는 곤란하다. 적어도 경영자라면 지혜를 짜내어 이익 추구를 꾀할 수 있어야 한다.

문제는 이익을 올리기 위해서 아무 일이나 해서는 안 된다는 것이다. 세상에는 해서 좋은 일 또는 해야 될 일과 해서는 안 될 일 사이에 명백한 선이 있다. 그 경계가 바로 여기서 말하는 덕德

이다. 그중에서 특히 염두에 두어야 할 덕목이 인, 의, 신이다. 다른 사람을 울리거나 의와 신을 저버리면서까지 이익을 추구하면 오래 지속하기가 어려울 뿐만 아니라, 주위 사람들에게 미움을 받는 지경에 이르게 된다.

경영자들은 덕으로 다스리는 경영을 실천해야 한다.

順 德 者 昌, 逆 德 者 亡
순할순 덕덕 놈자 창넝할창 거스를역 덕덕 놈자 망할망

● 인격과 환경 ●

쑥은 참깨 사이에서 자라면 곧게 자라고, 하얀 모래도 진흙에 섞이면 검게 변한다

蓬生麻中不扶而直, 白砂在涅與之俱黑 『순자荀子』

쑥[蓬]은 보통 지면에 바싹 붙어서 자라므로 곧바로 위로 향하는 일이 없다. 그러나 이런 쑥도 참깨 속에서 자라면 받침대 없이도 위로 곧바로 올라간다. 반대로 하얀 모래[白砂]도 진흙에 섞이면 어느 순간 진흙의 영향을 받아 검게 물들어 간다는 의미이다. 인격을 형성하는 과정에서 환경의 중요성을 은유한 표현이다.

인격을 형성하는 데는 본인의 소질, 주변 환경, 본인의 노력이 필요하다.

본인의 소질은 인격 형성에 매우 중요한 요인이지만, 아무리 훌륭한 소질을 갖고 태어났어도 계발하지 않으면 옥이 될 수 없다. 소질을 계발하여 옥이 되게 하려면 주변 환경과 본인의 노력이 중요하다. 다시 말해 이 세 가지가 골고루 갖추어져야 비로소 재능을 키워나갈 수 있는 것이다.

순자가 여기서 말하는 내용도 환경과 노력의 문제다. 그의 이 야기에 귀를 기울여 보자.

높은 곳에 올라가 손을 흔들면 손을 치켜들지 않아도 멀리서도 보인다. 바람을 타고 소리를 지르면 큰 소리를 내지 않아도 상대방 의 귀에 뚜렷이 들린다. 아무리 훌륭한 사람이라도 모두 선천적으 로 타고나는 것은 아니다. 훌륭한 이들은 땅을 골라 자리를 잡고 뛰 어난 인물들과 사귀면서, 도움이 되지 않는 일들을 멀리하고 바른 일에 가까이 가는 노력을 게을리하지 않는다.

주변 환경이 중요하다고 해서 당장 사는 곳을 옮기기란 쉬운 일이 아니다. 주어진 환경을 나름대로 정리하고 자신을 수양하기 위해서 부단히 노력하면 어느 정도 수준까지는 도달할 수 있다.

이는 직장에서도 마찬가지다. 아무리 훌륭한 인재들이 모인 직장이라도 각자가 노력을 게을리한다면 어떻게 될까? 시간이 흐 를수록 일이 제대로 되지 않을 뿐만 아니라, 새로 입사한 우수한 인재들까지 휩쓸리거나 부패하고 만다.

그래서 관리자들은 직원들이 저마다의 능력을 발휘할 수 있 도록 충분한 주의를 기울여야 한다.

蓬　生　麻　中　不　扶　而　直,
쑥봉　날생　삼마　가운데중　아닐불　도울부　말이을이　곧을직

白　砂　在　涅　與　之　俱　黑
흰백　모래사　있을재　진흙열　더불여　갈지　함께구　검을흑

관리가 된 이후 항상
근근화완勤謹和緩을 신조로 삼았다

自守官以來, 常持四字, 勤謹和緩 『소학小學』

송宋나라에 장관張觀이라는 관리가 있었다. 후에 좌의정까지 지낸, 상당한 인물이었다. 한번은 그 장관의 수하로 이제 갓 임관한 세 명의 신입이 찾아와 관리가 갖춰야 할 마음가짐에 대해 물었다. 그때 장관이 한 말이 다음과 같다.

나는 임관한 이래 오늘까지 항상 근근화완勤謹和緩의 네 글자를 신조로 삼아왔다.

이 네 글자에 대하여 다음과 같은 주석이 붙어 있다.

근면[勤]하게 정치를 하고, 삼가며[謹] 몸을 지키고, 화합[和]하는 마음가짐으로 사람을 대하고, 유유히[緩] 일을 처리했다.

이해하기 쉽게 풀어보면 '근면[勤]'이란 직무에 열심히 임하는 자세로 정치를 했다는 뜻이다. '삼가다[謹]'란 근엄 또는 근직謹直이라는 말처럼 삼가며 신중하고 정도를 넘어서지 않음을 말한다. '화합[和]'이란 주위 사람들과 사이좋게 지내는 일이다. 단, 굽실굽실하며 부화뇌동하는 게 아니라 나름대로의 식견과 주체성을 가지고 협력하는 일이다.

문제는 네 번째 '유유히[緩]'라는 신조다. 장관은 이를 일을 하는 자세라고 말하고 있는데, 이 글자의 보통 뜻은 '천천히' 또는 '늘어진다'라는 의미다. 세 명의 신입관리들은 이 글자의 의미를 이해할 수 없었다. 한 관리가 말했다.

"근勤, 근謹, 화和, 이 세 글자는 이해가 갑니다만, 완緩이라는 글자에 대해서는 처음 듣는 바입니다."

그러자 장관이 다음과 같이 대답했다.

"일을 천천히 한다고 해서 일이 늦어지는 것은 아니다. 오히려 시간에 쫓겨 허둥지둥 한 일이 대부분 실패로 끝나는 사례가 많다. 나는 이를 말하고 있는 것이다."

장관은 시간을 들여 충분히 계획을 정리하고 한 발, 한 발 착실하게 실행해 나가는 모습을 설명하고자 '유유히'라는 말을 예로 든 것이었다. 한마디로 졸속주의의 반대 개념이라 할 수 있다.

근근화완, 이 네 글자는 오늘날의 직장인들에게도 딱 들어맞는 말이다. 그중에서도 나는 특히 '근면'을 강조하고 싶다. 자신의 일의 소중함을 깨닫고, 의욕을 가지고 일상의 일들에 도전하기 바란다.

自 守 官 以 來,
스스로자 지킬수 벼슬관 써이 올래

常 持 四 字, 勤 謹 和 緩
항상상 보존할지 넉사 글자자 부지런할근 삼갈근 화할화 느릴완

● 부자와 자만 ●

부자이면서 자만하지 않으면 아름답고, 오만하면 망하게 되어 있다

富而不驕者鮮, 驕而不亡者, 未之有也『좌전左傳』

『춘추좌씨전春秋左氏傳』, 줄여서 『좌전左傳』은 춘추시대의 흥망을 정리한 책으로 예로부터 리더들에게 필독서가 되고 있다.

대부분의 사람들은 경제적으로 여유가 생기면 주위 사람들을 무시하려는 경향이 있다. 그러나 다른 사람을 무시하면서 오래도록 번영을 누린 예는 아직까지 없었다. 자만하는 자는 오래가지 못한다는 것, 이는 인간학의 기본이다.

부자가 자만하면 왜 멸망의 길을 걷게 될까? 다음의 두 가지 이유를 들 수 있다.

첫째, 대부분의 사람들은 가난할 때는 가난에서 벗어나기 위해 열심히 일한다. 예전에는 가난한 사람들이 많았지만, 그때는 에너지와 활력이 넘쳐서 열심히 노력하면 일정한 수준에 도달할 수가 있었다. 그래서 일에 푹 빠져 앞만 보고 달려오다 순간 정신을 차려 보니 자신도 모르는 사이에 높은 위치에 올라와 있어 새삼 놀라는 사람들도 있었다.

바로 그때가 중요한 시기인데, 그때 긴장감이 풀어지면 마음이 느슨해진다. 마음이 느슨해지면 지금까지의 활력이 사라지고 어쩔 수 없이 정체기로 접어들고 만다. 여기에 오만이 더해지면 쇠퇴현상은 한층 더 명확하게 나타나는데, 이는 비단 개인에게만 해당되는 얘기가 아니다. 예전에 번영했던 나라와 조직들이 모두 앞서 말한 길을 걸었다.

둘째, 부자는 눈에 띄는 존재다. 단순히 눈에 띄는 정도가 아니라, 때로는 주위 사람들에게 불편한 존재일 수도 있다. 누군가 돈을 펑펑 쓰고 있는 걸 보면 왠지 모르게 반발심이 생기는 경우도 있다.

어쩌다 부자가 된 사람들이 있는데, 그들이 오만한 태도를 보이면 참으로 좋지 않은 상황이 될 수 있다. 오만하게 굴수록 주변의 반감은 더욱 강해지고, 모두가 싫어하거나 미워하는 대상이 될 수도 있다.

아직 활력이 남아 있을 때는 그래도 견딜 만하다. 그러나 세상 이치가 그렇듯이 강한 외압을 만나게 되었을 때는 이미 모든 활력을 잃어버린 후가 보통이다. 그렇다 보니 거기에 속도를 더해 쇠망의 길로 치닫게 된다.

그러므로 번영하고 있을 때에도 자만하지 말고, 쇠퇴의 징후를 막기 위해 초심으로 돌아가 마음을 새롭게 가다듬고, 다른 사람들에게 겸손한 태도로 대하기 위해 노력하는 자세가 중요한 것이다.

富　而　不　驕　者　鮮,
가멸 부　말이을 이　아닐 불　교만할 교　사람 자　고을 선

驕　而　不　亡　者, 未　之　有　也
교만할 교　말이을 이　아닐 불　망할 망　사람 자　아닐 미　갈 지　있을 유　어조사 야

제2부

사람을 쓰는
지혜

의심스러우면 쓰지 말고, 일단 쓰면 의심하지 말라

疑勿用, 用勿疑 『통속편通俗篇』

사람을 쓸 때 염두에 두어야 할 내용으로, 명언이라 할 만하다. "이 사람 어떨까?" 하는 의문이 생기는 사람은 처음부터 채용하지 말라는 뜻이다.

우리는 사람을 보면 별 의심 없이 믿어버리는 경향이 있다. 사람을 믿는 것은 어찌 됐든 좋다고 해도 문제는 그 다음이다. 예를 들어 지금까지 신뢰했던 사람에게 배신을 당했다고 하자. 그럴 경우 대부분의 사람들이 자신의 책임은 잊은 채 배신한 상대에 대해 '괘씸한 놈', '나쁜 놈'이라고 일방적으로 욕하는 경우가 많다. 그런데 따지고 보면 상대방을 채용해서 쓴 사람은 바로 자신이 아닌가! 그러므로 사람을 제대로 보지 못한 자신의 허술함을 먼저 자책해야 할 일이다.

이 세상에는 신뢰할 수 있는 사람만 있는 것이 아니다. 믿을 수 있는 사람이 있으면 믿지 못할 사람도 있다. 인간은 각양각색이다.

우리 사회는 서로의 신뢰를 바탕으로 움직이고 있다. 신뢰가 없다면 세상은 건조해서 살기가 어려워질 만큼 신뢰관계는 중요한 것이다. 하지만 세상에는 믿을 만한 사람만 있는 것은 아니다. 이 점을 확실히 이해할 필요가 있다.

사람을 쓸 때도 마찬가지다. 사람을 채용할 때는 상대방에 대해 신중해야만 한다. 나중에 상대방이 문제를 일으키고 난 후에 당했다고 생각해 봤자 그땐 이미 늦었다.

다음으로 "쓰면 의심하지 말라."라는 말은 일단 채용하면 믿고 쓰라는 이야기인데, 이것이야말로 사람을 쓸 때 핵심 요소라 할 수 있다.

부하 직원의 입장에서 윗사람에게 신뢰감을 주는 문제는 아주 민감한 부분이다. 이것은 윗사람에게 발탁되어 본 경험이 있는 사람이라면 몸으로 느낄 것이다.

자신의 윗사람에게 신뢰받지 못한다고 느껴지면 모처럼 의욕에 넘쳐 열심히 해보려고 마음먹었다가도 금세 자신감을 잃어버리게 된다. 부하 직원의 의욕을 빼앗는 일은 그다지 현명한 방법이 아니다. 반대로 상사가 자신을 믿고 있다고 느끼면 대부분의 사람들은 어떻게든 그 신뢰에 보답하기 위해 노력한다. 그 차이는 매우 큰 것이다.

이처럼 사람을 쓸 때 상대방을 믿어주는 것은 상당히 중요한 일이다.

"쓰면 의심하지 말라."

疑 勿 用, 用 勿 疑
의심할의 말물 쓸용 쓸용 말물 의심할의

● 덕과 리더 ●

복숭아나무, 자두나무 밑에는
자연히 길이 생긴다

桃李不言下自成蹊 『사기史記』

요즘에는 농촌에서도 복숭아나무뿐 아니라 자두나무도 좀처럼 볼 수가 없다. 아이들이 자두를 안 먹으니까 하나씩 베어내다 보니 점차 사라지고 있는 것이다.

예전에 농가에 가면 대체로 자두나무가 있었는데, 봄이 오면 꽃이 피고 열매가 열렸다. 이제는 예전의 농촌 풍경이 되어버렸지만, 나는 지금도 그 짙은 색의 꽃과 자두 열매의 달고 시큼한 맛을 생생하게 기억하고 있다.

『사기』에 보면 다음과 같은 말이 있다.

복숭아나무, 자두나무 밑에는 자연히 길이 난다.

이와 비슷한 경험이 없다면 이 말이 이해가 잘 안 될 수도 있다. 복숭아나무와 자두나무는 봄이 되면 아름다운 꽃이 피고 맛있는 열매가 열린다. 그래서 누가 말하지 않아도 사람들이 하나 둘 모여들어 나무 아래로 자연스레 길이 만들어진다. 이처럼 훌륭한 사람의 주변에는 그의 덕을 사모하여 저절로 모인 사람들로 북적인다는 얘기다.

『사기』에 따르면 한대漢代의 이광李廣 장군은 활의 명수로 대담한 전투능력을 갖추었으며, 당시 '날으는 한漢의 장수'로 불리며 적을 두렵게 했다고 한다. 이렇게 말하면 말주변이나 솜씨가 좋은 사람을 떠올릴지도 모르겠지만, 그는 그와는 반대로 오히려 무뚝뚝하고 사람 됨됨이도 소박한 성품이었다고 한다.

그는 부하들을 매우 사랑하여 하사받은 물건이 있으면 모두 부하들에게 나누어 주었으며, 음식도 언제나 부하들과 같은 것을 먹었다. 또한 행군 중에 간혹 샘을 발견해도 부하들이 모두 마시기 전까지는 결코 입에 대지 않았고, 식량도 부하들에게 다 돌아가기 전에는 절대로 손대는 법이 없었다. 그리하여 부하들은 모두 이광을 심복처럼 따르기 시작했고, "이 사람을 위해서라면······." 하는 마음으로 자발적으로 싸움에 임했다고 한다.

이처럼 훌륭한 장군에게는 애써 명령하지 않아도 부하들이 그의 뒤를 따르게 되어 있다. 이는 현대의 리더들에게도 요구되는 사항이다.

어떤 시대에도 부하의 마음을 사로잡지 않고서는 생각대로 움직일 수가 없다. 부하의 마음을 얻고자 한다면 우선 자신부터 매력 있는 리더가 되어야 한다. 그러면 부하들은 명령하기 전에 자발적으로 나서서 노력할 것이다. 물론 윗사람의 권한으로 명령하여 부하들을 어느 정도 따라오게 할 수도 있지만, 그런 방법에는 한계가 있다.

통솔력의 기본은 부하들의 마음을 어떻게 얻느냐에 달려 있다. 그래서 모름지기 리더라면 무엇보다 자신의 덕을 쌓는 것이 중요한 것이다.

桃　李　不　言　下　自　成　蹊

복숭아나무 도　오얏 리　아닐 불　말씀 언　아래 하　스스로 자　이룰 성　지름길 혜

● 함축적 꾸짖기 ●

사람을 책망할 때는
함축이 필요하다

責人要含蓄 『신음어呻吟語』

'함축含蓄'이란 하고 싶은 것을 전부 드러내지 않고 여운을 남긴다는 뜻이다. 사람을 책망할 때는 이러한 '함축'이 필요하다고 한다.

왜일까? 이에 대해 두 가지 이유를 생각해 볼 수 있다.

우선 사람은 감정의 동물이다. 비록 상대방에게 100퍼센트 잘못이 있다고 해도 마구잡이로 몰아붙이면 당하는 사람으로서는 좋아할 리가 없다. 그런 식으로 하다 보면 반드시 불만과 반발이 생겨난다. 잘못하면 궁지에 몰린 쥐가 고양이를 무는 일이 발생할 수도 있다.

그럴 때는 말하고 싶은 부분의 절반 정도는 마음속에 넣어둔 채 은근하고 부드럽게 주의를 주는 정도로 끝내는 것이 좋다. 그게 오히려 설득력이 있다고 할 수 있다.

가령 부모가 아이를 대하는 경우를 보자. 요즘에는 부모와 자식 사이에 대화가 사라지고 있다. 그렇다고 아이들이 잘못했는데도 그대로 내버려 두면 부모라고 할 수 없다. 주의를 주어야 할 때는 엄하게 하는 것 또한 부모의 책임이다. 문제는 주의를 주는 방법인데, 아무리 부모라고 해도 지나칠 정도로 심하게 꾸짖으면 반발만 살 뿐 오히려 효과가 없다.

중요한 것은 아이가 잘못을 인정할 수 있어야 한다는 것인데, 그러기 위해서는 함축적으로 꾸짖을 필요가 있다.

조직의 인간관계 역시 똑같다. 요즘에는 부하 직원을 꾸짖는 관리자가 거의 없다. 그러나 책임을 물어야 할 때 엄하게 추궁하지 않는다면 이것 역시 관리자로서 직무 태만이다.

단, 부하 직원을 꾸짖을 때는 나름대로의 배려가 필요한데, 특히 젊은이들을 상대로 할 때는 더더욱 그렇다. 처음부터 일방적으로 꾸짖으면 오히려 역효과만 가져오기 십상이다. 꾸짖더라도 그 부하 직원의 태도나 행동의 절반 정도는 칭찬을 해주는 배려가 필요하다.

다음으로 사람을 꾸짖을 때 '함축'이 필요한 이유는 자신에게도 책임이 있을 수 있기 때문이다. 자신의 책임은 뒤로하고 상대방만 꾸짖으면 설득력이 없다.

근본적으로 자신의 책임은 불문에 붙이고 상대방에게만 책임을 전가하면 인간적인 향상과 진보를 기대할 수 없게 된다. 타인에게는 너그럽고 자신에게는 엄격하라는 것이 인간관계의 기본이고, 이것을 마음 깊이 새겨둔다면 스스로 다른 사람을 대할 때 함축적으로 꾸짖도록 노력하게 될 것이다.

責 人 要 含 蓄
꾸짖을책   사람인   구할요   머금을함   쌓을축

내게 아첨하는 자는
나의 도적이다

諂諛我者吾賊也 『순자荀子』

'첨유諂諛하다'란 아첨한다는 의미로, 이 말은 특히 조직의 리더가 경계해야 할 말이다.

누구나 자신의 몸을 소중하게 생각한다. 대부분의 사람들은 권력자 앞에 서면 숨을 죽이게 되고, 권력자의 뜻을 거스르기가 힘들어진다. 이것이 인지상정이다. 한편 권력자의 입장에서 보면 아첨하며 달라붙는 부하가 아무래도 사랑스럽게 느껴지는데, 그러다 정신을 차려 보면 주위가 온통 아첨배로 득실거린다.

이러한 현상은 예나 지금이나 똑같다. 현대의 최고 경영자 주위에도 아첨하는 무리 일색인 경우가 많은데, 인정에 이끌리다 보니 자신도 모르는 사이에 그렇게 되는 것 같다.

왜 이것이 나쁠까?

첫째, 주위에 아첨하는 무리 일색이면 리더에게는 듣기 좋은 정보만 들어온다. 그 결과 정보가 차단되어 주변 정세를 제대로 읽을 수가 없다. 이렇게 되면 판단을 그르치기 쉬우며, 또 그 정도는 아니더라도 듣기 좋은 말에 현혹되어 조직과 괴리될 수 있는데 이러한 역효과는 조직이 클수록 심각하다.

둘째는 아첨만 듣다 보면 자기도 모르는 사이에 자기만족에 빠져 발전이 없다. 그나마 이 정도로 끝나면 좋은데, 때때로 자만심에 빠져 아무렇지도 않게 사람을 깔보는 경우가 있다. 이렇게 되면 돌이키기가 힘들다. 『순자』가 "나의 도적이다."라고 말한 것도 이 점을 지적하기 위해서이다. 한편 아첨을 하는 쪽보다는 받는 쪽의 손실이 더 큰데, 어찌됐든 '첨유'하는 사람이 득실거리면 아무런 도움이 안 된다.

『순자』는 또 이렇게 말한다.

나를 거스르며 싸우는 자는 나의 스승이다.

나의 결점과 잘못을 지적해 주는 사람은 누구라도 나의 스승이라는 뜻이다. 이것 역시 말 그대로이다. 하지만 머리로는 이해하지만 실천하려고 하면 쉽지가 않다. 왜냐하면 심한 말을 듣고도 기뻐하기란 여간해서는 힘들기 때문이다. 특히 조직의 내부 및 부하 직원들의 비판에 귀를 기울이기 위해서는 상당히 겸허한 자세가 필요하다. 리더에게 이런 부분이 결여되어 있으면 부하 직원의 솔직한 의견을 듣기가 힘들다.

리더란 이러한 면에서도 엄격한 자기 경계가 필요하다. 그렇지 않으면 조직의 운영이 엉망이 되고, 자신마저도 잘못될 가능성이 높다.

諂 諛 我 者 吾 賊 也
아첨할첨 아첨할유 나아 사람자 나오 도둑적 어조사야

● 리더의 역할 ●

제상帝相은 작은 일에
연연해하지 않는다

帝相不親細事 『한서漢書』

제상이란 문무백관을 통솔하고 황제에게 봉사하는 직책이다. 정치 전반에 걸친 집행은 대개 제상에게 달려 있기 때문에 실질적인 리더라고 할 수 있다. 제상과 같은 위치에 있는 사람은 작은 일에 연연해하지 않는 것이 바람직하다. 즉 세부적인 일은 모두 부하들에게 맡기고 자신은 굵직굵직한 일만 처리하는 게 좋다. 아니, 그렇게 해야만 한다. 이에 관하여 한漢나라의 제상을 지낸 진평陳平이라는 승상에 관한 다음과 같은 이야기가 전해진다.

진평은 젊은 황제 문제文帝의 신하였다. 취임한 지 얼마 안 된 문제는 국정에 어두웠다. 하루는 진평에게 묻기를

"재판은 연간 어느 정도 있는가? 또한 국고의 수입과 지출은 어떠한가?"

"그런 것이라면 각각의 담당자에게 물어보심이 옳은 줄 아뢰옵니다."

"담당이 누구인고?"

"재판은 형조판서이고, 국고의 출납은 호조판서이옵니다."

"그럼 승상은 대체 무슨 일을 하는고?"

"감히 말씀 올립니다. 원래 승상의 임무는 위로는 천자를 보좌하고, 아래로는 모든 일이 잘되고 있는지 감독을 합니다. 또한 밖으로는 사방의 오랑캐들과 제후들을 진압하여 평화롭게 하고, 안으로는 만백성을 통솔하고, 모든 관리들이 각자의 직책에 충실하도록 관리를 하옵니다."

황제는 비로소 납득을 하였다.

"과연 그렇구나. 잘 알았다."

황제는 이렇게 말하고 진평을 칭찬하였다.

진평의 말에는 제상은 작은 일에 연연해하지 않는다는 의미가 잘 표현되어 있다고 할 수 있다. 진평은 이러한 자세로 한漢제국을 통솔하였고, 훗날 명제상으로 칭송이 자자했다. 제상과 같은 최고의 지위에 있는 사람이 작은 일까지 일일이 참견하다 보면 금세 몸이 지칠 수밖에 없다.

그뿐만 아니라 부하의 일까지 세심하게 끼어들면 부하가 질려서 일을 제대로 할 수가 없다. 이것은 현명한 통솔 방법이 아니다. 작은 일은 눈감아 주고 부하에게 맡겨두어야 한다. 그래야 자신도 편하고 부하도 견딜 수 있다.

단, 작은 일에 연연해하지 않는다고 해서 무엇이든 무턱대고 맡겨두어서는 안 된다. 제일 중요한 부분은 직접 주도권을 잡고 있어야 한다. 그렇지 않으면 조직으로부터 소외되어 통솔이 어려워진다.

帝　相　不　親　細　事
임금 제　서로 상　아닐 불　친할 친　가늘 세　일 사

제상의 재능은 있으나
제상의 그릇은 아니다

有相才無相器 『명사明史』

조직을 이끄는 리더층의 자질이 떨어지는 경우 이런저런 불상사가 생길 우려가 높다. 그러한 상황에서 당사자들은 경영이란 깨끗하지 않은 것이라고 말하기도 하지만, 중요한 것은 얼마나 신속하게 사후처리를 잘하느냐이다.

리더들 중에는 막상 사고가 터졌을 때 책임을 지고 물러나는 사람도 있지만 그렇지 않은 사람들도 많다. 예를 들어 부하 직원을 해고하고 대충 넘어가려 하거나, 말도 안 되는 변명을 늘어놓으며 자리를 지키려고 애쓰는 등 실권을 쥐고 있는 인물들이 책임을 떠넘기려는 자세로 일관하는 이유는 왜일까? 이는 경제인들뿐만이 아니라 각계 장관, 기업체 회장 등 여러 분야를 봐도 마찬가지다.

리더의 가장 중요한 역할은 책임을 지는 것이다. "이때다!" 싶을 때 책임을 지지 않는 인물은 처음부터 리더가 되면 안 된다. 사장과 회장 그리고 장관이 될 정도면 나름대로 훌륭한 면을 가지고 있다. 그러나 중요한 순간에 터무니없는 변명을 늘어놓으며 책임을 회피하려 한다면 리더로서 가장 중요한 자질이 결여되어 있다고 할 수 있다.

명明나라 태조가 후임 제상에 관하여 유기劉基라는 중신에게 의견을 물었을 때의 일이다.

"양헌楊憲은 어떠한가?"

태조가 물었다.

양헌과 유기는 일찍이 절친한 사이라고 한다. 그러나 유기의 대답은 단호했다.

"양헌은 제상의 재능은 있으나 제상의 그릇은 아니옵니다. 제상이란 마음 씀씀이가 물과 같아야 하고 의리를 가지고 권력의 형평을 꾀해야 하온데, 양헌은 그렇지가 않사옵니다."

여기서 유기는 제상의 그릇으로 두 가지의 조건을 제시하고 있다.

첫째, 마음 씀씀이가 물과 같아야 한다. 이 말은 모든 일에 공평하고 냉정하게 대처할 것을 말한다. 둘째, 의리를 갖고 권력의 형평을 꾀해야 한다. 여기서 '의리義理'란 바른 길을, '권형權衡'이란

저울을 말한다. 결국 항상 정도를 걸으며, 행동의 기준이 되라는
의미다.

　이것은 제상帝相뿐 아니라 모든 리더들이 갖춰야 할 자세라고
할 수 있다.

有　相　才　無　相　器

있을유　서로상　재주재　없을무　서로상　그릇기

윗물이 맑으면 맑은 물이 흐르고,
윗물이 탁하면 탁한 물이 흐른다

原淸則流淸, 原濁則流濁 『순자荀子』

오늘 어느 중견기업의 인사 담당자가 강연 의뢰를 하러 왔다.
그의 말에 따르면 매년 백 명 정도의 신입사원을 뽑는데 그중에
인사하는 자세를 갖추지 못한 사람이 꽤 많다고 한다.

그는 그 기업의 경우 업무상 직원들이 손님을 대하는 경우가
많기 때문에 인사를 제대로 하지 못하면 곤란하다며 걱정을 늘어
놓았다. 그래서 연수 기간을 물으니 대략 6개월 정도라고 했다.

반년 정도 연수를 받고 나면 일단 형태는 갖춰질지 모른다.
하지만 문제는 그 다음이다. 연수는 받았지만 사회인으로서는 아
직 성숙하지 못하기 때문에 그들을 육성해서 빠른 시일 내에 일에
적합한 사람으로 만들어야만 한다. 이에 우선적으로 필요한 것이
본인의 의욕과 노력이다. 그러나 본인의 의욕이 있어도 주위 환경
이 나쁘면 의욕을 상실하게 되고, 성장할 소질이 있어도 성장하지

못하고 끝나 버린다.

　환경 중에서도 상사의 존재가 가장 중요한데, 상사의 태도 하나가 부하 직원을 죽일 수도 살릴 수도 있다. 부하 직원을 일선에서 직접 대하는 중간관리자들의 책임이 특히 무거운데, 그들 중에는 실제로 열심히 일하는 사람들이 대부분이다. 그러나 기업에서 중간관리자가 일에 유능하다고 해도 부하 직원을 다루지 못한다면 이는 직책에 따른 업무의 절반 정도밖에 수행하지 못했다고 볼 수 있다. 적어도 중간관리자의 역할 중 나머지 반은 부하 직원을 키우는 일이다. 이것도 똑같이 중요한 일이라는 사실을 잊어서는 안 된다.

　부하 직원을 키우려면 때로는 격려하고, 때로는 꾸짖고, 때로는 칭찬하는 기술이 필요하다. 또한 이것 외에도 부하 직원이 볼 때 윗사람이 설득력이 있어야 한다. 즉 능력은 물론이고 인격적인 면에서도 자신을 수양해야 한다. 부하는 상사의 뒷모습을 보며 큰다고 하지 않는가! 그러한 부하 직원의 시선을 견뎌낼 수 있는 상사가 되어야 한다.

　여기에 소개한 『순자』의 말은 위와 같은 뜻을 나타내고 있다.

　'원原'이란 윗사람을 가리킨다. 윗사람이 깨끗하면 아랫사람도 깨끗해지고, 윗사람이 탁하면 아랫사람도 탁해진다.

용장 밑에 약졸 없다고 한다. 윗사람은 일에서도 인격적인 면에서도 부하의 모범이 될 수 있는 사람이어야 한다.

原 清 則 流 清, 原 濁 則 流 濁
근원원 맑을청 곧즉 흐를류 맑을청 근원원 흐릴탁 곧즉 흐를류 흐릴탁

인재를 등용할 때는 능력과 인격을 골고루 갖춘 인물을 뽑아라

必須才行俱兼, 始可任用 『정관정요貞觀政要』

고전의 지혜를 현대의 경영에서 어떻게 활용할 수 있을까? 많은 기업들이 기업 연수에 상당한 힘을 쏟고 있으며, 기업들이 지탱되는 데는 바로 그 연수의 효과가 크다. 그러나 연수 내용에 문제가 없는 것도 아니다. 기업의 연수는 업무 면에서 능력개발에는 대체로 열심이지만, 인격적인 도야는 소홀히 하는 경향이 있다.

젊은 사원의 연수라면 능력개발이 중심이 되어도 좋다. 그렇지만 과장, 부장, 나아가 임원들은 업무에 도움을 주는 정도로는 부족하다. 직급이 올라갈수록 인격 도야에 투자할 필요가 있는 것이다.

『정관정요』의 한 구절을 보자.

인재를 등용할 때는 재능과 행실, 즉 능력과 인격을 골고루 갖춘 인물을 뽑아라.

기업 연수는 아무래도 능력에 초점을 맞추기가 쉬운데, 인격
도야의 중요성을 강조하는 이유가 있다.

능력 있는 사람은 일을 척척 잘 해낸다. 일을 잘하는 건 좋지
만 자칫하면 지나치게 앞서 나가거나 실수를 저지르거나 혹은 무
슨 일을 저지를지 모를 위험 부담이 있다. 불상사를 일으키는 사
람들 중에 이런 유형의 인물이 많다.

앞서 나가는 사람들에게 제동을 걸 수 있는 것이 바로 인격이
다. 능력과 인격, 이 두 가지를 갖추었을 때 비로소 진정한 인재라
고 할 수 있지 않을까?

必 須 才 行 俱 兼, 始 可 任 用
반드시필 모름지기수 재주재 다닐행 함께구 겸할겸 처음시 옳을가 맡길임 쓸용

윗사람의 나쁜 점을 봤으면
자신은 부하를 그렇게 대하지 마라

所惡於上, 毋以使下 『대학大學』

부하 직원에게 어떠한 상사와 같이 일하는가는 앞날을 좌우하는 중대한 문제다. 그러나 부하 직원은 상사를 선택할 권리가 없다. 양자의 만남은 마치 운명과도 같아서 부하 직원에게는 고달픈 문제일 수도 있다.

비교적 훌륭한 상사를 만났다고 하자. 이런 경우 부하 직원은 의욕이 생겨 자신을 성장시킬 수 있고, 그 밖에도 여러 가지로 많은 이로움이 있다.

용장 밑에 약졸 없다고 한다. 기업도 마찬가지여서 부하 직원은 상사의 뒷모습을 보고 성장한다. 상사가 훌륭한 인물이면 부하 직원 또한 자신도 모르는 사이에 감화되어 스스로 자신을 향상시킬 수가 있다.

반대로 상사가 형편없는 인간이라면 어떻게 될까? 부하 직원의 입장에서는 질려서 의욕마저 상실할 가능성이 높다. 한 1~2년 정도는 그럭저럭 버틴다 해도 언제까지 견뎌내야 할지 알 수가 없기 때문에 직장을 그만두고 싶다는 생각을 하게 된다.

상당히 오래 전 이야기인데, 내가 아는 사람이 1년 만에 다니던 은행을 그만둔 적이 있다. 나중에 만나 "아깝잖아. 왜 그만뒀어?" 하고 물으니 지점장과의 갈등이 이유라고 말했다. 배속된 지점 점장의 역할이 얼마나 중요한가—상사가 어떤 사람인가에 따라 부하 직원의 성장과 진로에 영향을 미칠 수 있는가—하는 것을 새삼 느꼈다.

부하 직원의 입장에서 보면 상사의 결점과 허점이 잘 보인다. 단지 입장의 차이 때문에 그런 것이다. 그런데 시간이 지나면서 부하 직원의 입장이 바뀌어서 이번에는 자신이 상사로서 또 다른 부하 직원을 대하게 된다면 어떻게 될까? 대부분이 예전에 상사에게 품었던 불만 등은 완전히 잊어버리고 자신도 예전의 상사와 똑같은 태도로 부하 직원을 대하는 경우가 많다. 이런 식으로는 언제까지나 악순환의 고리를 끊을 수가 없다.

첫머리에 인용한 『대학』의 구절은 이런 상황에서 필요한 조언이다.

나쁜 상사라고 생각되면 자신이 상사가 되었을 때 똑같은 방법으로 부하 직원을 대하지 마라.

나는 관리직에 있는 사람들에게 일찍이 상사의 어떤 점이 싫었는지 생각해 보고 자신은 그렇게 하지 않도록 주의할 것을 당부하고 싶다.

所　惡　於　上,　毋　以　使　下
바 소　악할 악　어조사 어　위 상　말 무　써 이　부릴 사　아래 하

자신을 굽히면서 상대를 올게 만드는 사람은 없다

枉己者未有能直人者也『맹자孟子』

자신은 잘못되어 있으면서 상대방에게 올바르기를 기대한다면 이는 말이 되지 않는다.

중국 고전은 인간관계의 핵심에 대해 다양하게 다루고 있는데, 현대에도 많은 부분이 적용되고 있다. 예를 들어 인간관계의 원칙 중 하나로 '자신에게는 엄격하게, 상대에게는 관용으로' 하는 말이 있다. 무조건 수긍하면서 자신에게 관대하면 아무것도 안 된다. 책임져야 할 일은 깨끗하게 책임을 지는 것이 자신에게 엄격한 모습이다. 대신 다른 사람에게는 가능하면 관용의 마음으로 대하는 것이 좋다. 이 점을 염두에 두면 인간관계를 원활하게 유지할 수 있고, 자신을 발전시키는 데에도 상당한 도움을 준다.

여기에 인용하는 맹자의 구절은 조금은 다른 각도에서 이 점을 시사하고 있다.

맹자는 전국시대*에 인仁과 의義를 기본으로 왕도정치를 주창한 사상가다. 당시 각 나라들은 오로지 자국의 이익 증대를 위해서 살아남기 위한 싸움을 펼쳤다. 그런 와중에 왕도정치에 대한 주장은 지나치게 이상적이어서 쉽게 받아들여지지 않았다. 이것을 걱정한 제자 하나가 맹자에게 말했다.

"그렇게 힘겨운 일만 말씀하지 마시고 조금은 자신을 굽히고 상대방의 뜻에 따르는 것이 어떻겠습니까? 그러면 좀더 영향력을 키울 수가 있지 않겠습니까?"

이에 대해 맹자는 다음과 같이 대답했다.

"평범한 사람조차도 상대에게 아부하는 일을 부끄러워한다. 하물며 나는 상대가 국왕이라고 해도 추종은 질색이다. 너의 말은 이상하구나. 나는 아직까지 자신을 굽혀서 상대방을 옳게 만든 이는 한 사람도 보지 못했다."

정말로 당당한 모습이다. 이것을 오늘날 부모와 자식의 관계에 적용하면 어떻게 될까? 요즘에는 부모가 일을 마치고 집에 돌아와도 빈둥빈둥하면서 TV만 쳐다보는 아이들이 많다. 또한 가끔 읽는 책이라고 해봤자 만화와 잡지 정도가 고작인 경우가 대부분이다. 이러한 부모가 자식을 앉혀놓고 공부 좀 하라고 말해 봐야 설득력이 없다.

직장에서의 인간관계 역시 마찬가지다. 어느 직장이나 윗사람에게 아첨을 떨어서 기분을 맞추려 드는 관리자가 있다. 그런 관리자가 반대로 부하에게 엄하게 책망한다 해도 받아들여질 리가 만무하다. 자신의 이야기에 설득력을 갖기 위해서는 부모든 관리자든 일단 자신의 자세부터 똑바로 해야 한다.

전국시대 : 중국 역사에서 춘추시대 다음의 기원전 403년부터 진나라가 중국을 통일한
기원전 221년까지 약 200년간의 과도기.

枉　己　者　未　有　能　直　人　者　也

굽을 왕　자기 기　사람 자　아닐 미　있을 유　능할 능　곧을 직　사람 인　사람 자　어조사 야

● 윗사람의 뒷모습 ●

아랫사람은 윗사람의 명령보다는 그 행동을 보고 배운다

下之事上也, 不從其所令, 從其所行 『예기禮記』

부하는 윗사람의 명령에 따르기보다는 윗사람의 행동을 보고 배운다고 한다. 이는 『예기』에 나오는, 부하는 윗사람의 뒷모습을 보고 큰다는 말과 통한다.

나는 여러 기업의 관리직 연수 과정의 강사로 초청받는 일이 많다. 매번 느끼는 바지만, 똑같은 대기업이라도 오래도록 전통이 이어져 내려온 기업과 신흥 기업을 비교해 보면 인재를 보는 관점 이 상당히 다르다.

전통 있는 기업은 사람을 맞이하는 태도 하나만 보아도 알 수 있는데, 항상 깍듯하고 빈틈이 없다. 이에 반해 경제성장과 더불 어 갑자기 급부상한 대기업은 인사하는 태도만 보아도 격이 떨어 지는 것을 알 수 있다.

관청 역시 마찬가지인데, 기업이나 관청이나 전통이 있는 곳에는 그에 걸맞은 인재가 있다. 마치 오랜 전통이 무언의 힘이 되어 후배들을 키우고 있는 것 같다. 반면 신흥기업이나 최근 몇 년 사이에 생겼거나 승격된 관청을 보면 훌륭한 인재가 드물다는 것을 알 수 있다. 그렇기 때문에 훌륭한 인재를 많이 육성시키지 못하고 있는 실정이다. 전통이 있느냐 없느냐 하는 문제는 기업이나 조직의 성패에도 중요한 역할을 한다.

그러므로 관리직에 있는 사람들은 부하 직원의 모범이 될 만한 인물이 되기 위해 노력할 것을 당부하고 싶다. 여러분의 뒷모습을 부하 직원들이 항상 지켜보고 있다. 그 시선에 부끄럽지 않은 관리직이 되어주길 바란다. 이것 또한 관리직의 중요한 일 중 하나다.

下 之 事 上 也,
아래 하　갈 지　일 사　위 상　어조사 야

不 從 其 所 令, 從 其 所 行
아닐 부　좋을 종　그 기　바 소　명령 령　좋을 종　그 기　바 소　갈 행

소인小人을 대할 때는 멀지도 가깝지도 않은 간격을 둔다

處小人, 在不遠不近之間 『신음어呻吟語』

　'소인'이란 '군자君子'와 반대되는 의미로, 능력은 물론이고 인격적으로도 저열한 사람을 가리킨다. 쉽게 말해 형편없는 사람이라고 할 수 있다.

　『신음어』는 '소인'을 상대할 때는 멀리도 가까이도 하지 말고 적당한 간격을 두라고 말한다.

　가능하면 멀리 떨어지고 싶은 마음이 든다고 해서 상대방에게 노골적으로 그런 태도를 보이면 어떻게 될까? '소인'은 금세 이쪽의 감정을 느끼고 뒤에서 있는 소리, 없는 소리 떠들어댈 거라는 것 정도는 각오해야 한다.

　반대로 소인에게 가까이 가면 어떻게 될까? 금세 이쪽의 약점을 잡아 수작을 부릴 염려가 있다. 그 결과 잘못하면 '기른 개에게 손을 물리는 사태'가 발생할 수도 있다. 『신음어』는 이 점을 경계하고 있다.

이 부분에 대해 공자는 『논어』에서 이렇게 말하고 있다.

소인은 다루기가 어렵다. 이들은 가까이하면 불손不孫하고 멀리하면 원망을 산다.

'불손不孫'은 '불손不遜'과 같다. 따라서 이 말은 소인은 끝이 없어서 봐주면 버릇없이 굴고 반대로 내버려 두면 원망을 한다는 뜻으로 해석할 수 있다.

보통의 인간관계에서 소인을 만났을 때는 멀리하면 그만이다. 그러나 일이나 조직에 속해 있을 때는 멀리한다고 끝날 일이 아니다. 아무리 싫은 상대라도 도망칠 수가 없으며, 바로 이 점이 인간관계에서 어려운 점이다.

『신음어』의 충고가 이 점에서 돋보인다.

일반적으로 인간관계는 간격을 두기가 어렵다. 이에 잘 대처하면 오히려 상대가 소인이라도 여기서 말한 대로 역효과를 피할 수가 있다.

사람을 대할 때 상대와의 간격에 유의하는 훈련을 할 필요가

있다. 쉽지 않은 일이지만, 그것이 가능할 때 현명한 인간관계를
이끌어나갈 수 있다.

處　小　人,　在　不　遠　不　近　之　間
살처　작을소　사람인　있을재　아닐불　멀원　아닐불　가까울근　갈지　틈간

● 충고의 자세 ●

다른 사람의 잘못을 꾸짖을 때는 극히 엄하게 하지 마라

攻人之惡毋太嚴 『채근담菜根談』

한 사람의 사회인으로 세상에 우뚝 서기 위해서는 다양한 인간관계 속에 자신을 던져놓아야 한다. 인간관계를 원활하게 유지하는 핵심은 '자신에게는 엄격하고 타인에게는 관용을 베푸는 것'이라 하겠다. 여기에 소개하는 『채근담』의 내용도 이를 시사하고 있다. 이 부분을 좀더 구체적으로 옮겨보면 다음과 같다.

사람의 잘못을 꾸짖을 때는 극히 엄하게 하지 마라. 받아들이는 쪽이 견뎌낼 일을 생각하라. 사람을 가르칠 때는 과하게 기대하지 마라. 따라할 수 있는 것으로 그만이다.

이를 보다 자세히 풀어보면 다음과 같다. "다른 사람을 힐책할 때는 너무 엄하게 대하면 안 된다. 상대방이 받아들일 수 있는 한도를 염두에 두어야 한다. 다시 말해 다른 사람을 가르칠 때는 너무 많은 것을 기대하지 말고, 상대방이 실행할 수 있는 범위 내에서 만족해야 한다."라는 뜻이다.

역시 『채근담』이라고 할 만하다. 빈틈없는 충고다. 타인에게 지나치게 엄하거나 과도한 기대감을 안고 대할 경우 다음의 두 가지 반응이 나올 수 있다.

첫째는 반발이다. 비난하거나 설교하는 이쪽도 사람이므로 완벽할 수는 없다. 충고나 훈계가 지나치면 상대방에게 오히려 반발심만 일으킬 뿐이다. 이렇게 되면 설득 효과는 떨어지고 쓸데없는 정력만 낭비한 꼴이 된다.

둘째, 일시적인 반발로 끝난다면 그나마 다행인데, 잘못 꾸짖으면 원망을 사게 되고 한참 후에까지도 그 후유증이 남는다. 특히 상대방의 마음에 상처를 주면 즉각적인 반응이 나타난다.

누구나 마음에 상처를 입으면 그 상처가 쉽게 사라지지 않는다. 집념이 강한 사람은 언제 어디서든 원한을 되갚아 주려 할 수도 있다. 작은 친절을 베풀기 위한 힐책과 설교를 쓸데없이 어설프고 엄격하게 해서 말도 안 되는 결과를 초래해서는 안 된다.

오늘날은 상대방을 꾸짖는 방법에 대해서도 신중해야 하는 시대이다. 그렇다고 자신의 아이도 꾸짖지 않는 부모나, 부하 직원에게 주의도 주지 못하는 윗사람이 늘어나면 곤란하다. 이는 부모로서, 윗사람으로서 책임 회피다.

단, 꾸짖는 방법 또한 어느 정도 공부를 통해 터득해야 한다.
이런 점에서『채근담』의 내용이 상당히 참고가 될 만하다.

攻 人 之 惡 毋 太 嚴
칠공 사람인 갈지 악할악 말무 클태 엄할엄

● 벗과의 사귐 ●

벗과 사귈 때는 마땅히 3할의 의협심을 갖는다

交友須帶三分俠氣 『채근담菜根談』

"당신에게는 몇 명의 벗이 있는가?" 하는 질문을 해보면 대부분 "저기……." 하면서 생각에 잠기게 된다. 이 책을 읽는 대부분의 독자들도 그러하리라. 인생을 살아가면서 한 사람의 친구도 없다면 너무도 쓸쓸할 것이다. 한 사람이라도 좋고, 둘이라도 좋다. 마음을 열고 이야기를 나눌 수 있는 벗이 있다는 것 자체가 좋은 것이다.

벗이란 어떤 사람을 말하는가?

적어도 내가 상황이 좋을 때만 다가오는 사람은 벗이라 말할 수 없다. 진정한 벗이란 내가 어려울 때 옆에서 지켜주는 사람을 말한다. 물론 반대로 상대가 어려울 때는 내가 기꺼이 손을 내밀 수 있어야 비로소 진정한 의미의 벗이라 할 수 있다.

『채근담』에서는 이것에 대해 말하고 있다. 의협심[俠氣]이란 상대가 어려움에 처해 있을 때 도와주는 마음과 자세를 말한다. 의협심이 없는 사이는 친구라고 말할 수 없다.

흥미로운 사실은 『채근담』에서 30퍼센트라고 그 범위를 아주 작게 말하고 있다는 점이다. 의협심을 발휘하는 것 자체는 좋지만 70퍼센트, 100퍼센트나 되면 공멸할 수도 있기 때문에 30퍼센트라고 말하고 있는 것이다. 어려운 일은 30퍼센트와 60퍼센트의 경계를 어디서 정할지다. 특히 금전문제가 얽히면 상당히 골치 아파진다.

금전문제와 관련한 좋지 않은 기억이 내게도 두 번 있었다.

한번은 지금부터 20여 년 전 대학 때 만난 친구가 돈을 부탁하길래 아내 몰래 월급의 반을 가불해서 빌려준 적이 있었다. 그런데 그 친구는 돈을 갚지 않았다. 물론 나도 재촉하지는 않았지만, 결국 그 친구와는 그 뒤로 소원해졌다. 또 한번은 10년 전이었는데, 오랜만에 만난 고등학교 동창에게 역시 돈을 빌려달라는 부탁을 받았다. 사업이 잘 안 돼서 자금이 필요하다고 했다. 하지만 보잘것없는 글쟁이로 지내는 내가 사업자금을 빌려줄 만큼 여유는 없었다. 그래서 사정을 이야기하고 거절했는데, 이 친구와도 그 이후 연락이 끊겼다.

이 두 경우는 완전히 반대되는 상황이었지만, 모두 결과는 나빴다. 아무리 친구라 해도 돈 문제는 빌리는 쪽이나 빌려주는 쪽이나 서로 신중해야 한다. 자칫 잘못하면 귀중한 친구를 잃을 수도 있기 때문이다.

나이를 먹을수록 새로운 친구 관계를 만들기가 쉽지 않다. 그래서 더더욱 지금 있는 친구들과의 관계를 소중히 여겨야겠다는 생각을 하게 된다.

交 友 須 帶 三 分 俠 氣
사귈교 벗우 마땅히수 때대 석삼 나눌분 호협할협 기운기

작게 징계해서 크게 경계함은 소인小人에게는 복이 된다

小懲而大誡, 此小人之福也 『역경易經』

'소인小人'이란 '군자君子'와 반대되는 개념으로 인격이 열등한 사람을 말한다. 이런 유형은 해야 할 일과 해서는 안 될 일을 구분하지 못하기 때문에, 이들이 어설프게 권력을 잡고 휘두르게 되면 세상이 혼란에 빠질 수가 있다.

'소인'이 소인다운 이유는 무엇인지 좀더 자세히 알아보자. 『역경』에 따르면 다음과 같다.

소인은 불인不仁을 부끄러워하지 않고, 불의不義를 두려워하지 않는다. 소인은 이익이 보여야 나아가는데, 이들을 다스릴 때는 벌罰로써 징계해야 한다.

이를 세부적으로 정리해 보면

1. 냉혹하고 비정한 짓을 하고도 부끄러워하지 않는다.
2. 인간의 도리에서 벗어난 짓을 하면서도 아무렇지도 않게 생각한다.
3. 이익이 된다고 생각하지 않으면 움직이지 않는다.
4. 벌로 위협하지 않으면 태연하게 악행을 저지른다.

과연 이런 종류의 인간들이 내 주변에도 적지 않은 듯하다. 이러한 '소인'에게 대처하는 방법에는 어떤 것이 있을까?

『역경』에서는 작게 징치懲治*해서 크게 경계한다고 말한다. 즉 작은 일에도 인정사정 볼 것 없이 벌을 주어 두 번 다시 악행을 저지르지 못하도록 경고하라는 뜻이다. 이는 소인을 위해서도 좋은 방법이다.

중국 사람들은 일반적으로 기껏해야 3년에서 5년 정도의 징역형에 처할 정도의 죄에 대해서도 사형을 시켜버리는 경우가 많다. 더욱이 총살에 필요한 탄약 값마저 본인의 유족에게 청구한다고 한다. 상당히 가혹하다고 할 수 있겠지만, 여기에는 명백히 『역경』의 사상이 흐르고 있다 하겠다.

그렇다면 벌칙을 가볍게 하거나 벌칙 규정이 없는 경우는 어떠한가? 이는 바람직한 일이긴 하지만, 안 좋은 측면도 있다. 벌칙 규정이 불확실한 상황이다 보니 태연하게 법률을 위반하는 일이 종종 있기 때문이다.

정치계도 마찬가지다. 지금 정치 개혁이란 단어가 귀가 따갑

도록 들려오지만, 솔직히 말해서 지금의 정치가 대부분은 군자라기보다는 소인들이다. 이들은 무슨 일을 저지를지 모르는 사람들이다. 소인배들에게 조금이라도 제대로 된 일을 하게 하려면 역시 작게 징치懲治하여 크게 경계하는 것이 제일이다. 그들을 위해서도 이 방법이 적격이라 할 수 있다.

징치 : 징계하여 다스림.

小 懲 而 大 誡, 此 小 人 之 福 也
작을소 혼날징 말이을이 큰대 경계할계 이차 작을소 사람인 갈지 복복 어조사야

오래 웅크린 사람이
높이 난다

伏久者飛必高 『채근담菜根談』

『채근담』은 지금부터 4백여 년 전 명나라 홍자성洪自誠이라는 사람의 짧은 코멘트를 정리한 책으로 인생론격의 저서다. 이 책은 유교와 도교, 불교 이 세 가지의 가르침을 바탕으로 인간과 사회에 대한 예리한 성찰을 덧붙여 처세의 지혜에 대해 설명하고 있다.

『채근담』은 예로부터 폭넓은 계층의 사람들이 읽어왔으며, 오랜 세월이 흐른 지금까지도 이 책을 마음의 양식으로 삼고 시간이 날 때마다 펼쳐 보는 이들이 내가 아는 사람들 중에도 꽤 있다.

여기에 인용한 "오래 웅크린 사람이 높이 난다."라는 말의 전문을 살펴보면 다음과 같다.

웅크림이 길면 나는 것이 반드시 높다. 피는 것이 앞서면 지는 것도 그만큼 빠르다. 이 이치를 알면 포기할 걱정을 피할 수 있고, 조급한 마음을 지울 수 있다.

이를 알기 쉽게 풀면 다음과 같다.

오래도록 웅크리고 힘을 비축한 새는 일단 날아오르면 반드시 높게 날갯짓한다. 마찬가지로 다른 것에 앞서 핀 꽃은 지는 시기도 그만큼 빠르다. 이러한 이치를 깨달으면 일을 하는 과정에서 조금 힘들다고 해서 도중에 지쳐 쓰러질 염려도 없고, 조급하게 공을 세우려고 서두르지도 않게 된다.

이는 불운하거나 역경에 처해 있는 사람들에게 특히 격려가 되는 말이다. 긴 인생역정 속에서 누구나 한두 번쯤은 고통스러운 시기를 맞이하게 되고, 때로는 시련에 빠질 수도 있다. 그러나 막상 상황이 어려워지면 '왜 나만!' 하는 생각에 신을 원망하게 되고 마음이 조급해지기도 한다. 그러다 결국 무엇인가 해야겠다고 결심하고 서둘러 움직이다 보면 자칫 실망만 깊어지게 되는 것이다.

『채근담』에 보면 어려울 때일수록 서두르지 말고 차근차근 실력을 쌓아가면서 다음 기회를 기다리라고 충고하고 있다. 이러한 삶의 방법을 마음에 새겨두고 노력하는 자세로 살아간다면 힘든 상황 속에서도 환경에 굴하지 않고 스스로 돌파구를 찾아낼 수가 있을 것이다.

伏　久　者　飛　必　高
엎드릴 복　오랠 구　사람 자　날 비　반드시 필　높을 고

● 곡돌사신 ●

연기 구멍을 구부리고,
장작을 옮기라 한 것은 은혜가 없다

曲突徙薪無恩澤 『한서漢書』

화를 미연에 방지한다는 의미로 '곡돌사신曲突徙薪'이라는 사자성어가 있다. 이 말은 다음의 이야기에서 유래한다.

한 마을에 부엌의 연기가 나오는 구멍을 똑바로 해서 바로 옆에 장작더미를 높이 쌓아놓은 집이 있었다. 같은 동네에 사는 사람이 이를 보고 "위험해요. 불이라도 나면 어쩌려고 그래요? 지금이라도 연기구멍을 구부리고 장작도 다른 곳으로 옮기는 게 좋아요."라고 주인에게 주의를 주었다. 그러나 주인은 쓸데없는 간섭이라 여기며 대꾸조차 하지 않았다.

그 일이 있은 지 얼마 지나지 않아 그 집에 화재가 났다. 다행히 마을 사람들의 도움으로 큰 탈 없이 불을 끌 수 있었다. 주인은 기쁜 마음에 맛있는 음식을 준비해 불을 꺼준 마을 사람들을 초대했다. 그런데 불씨를 뒤집어쓰며 도와준 사람이 상석에 앉는 것은 좋지만, 정작 연기구멍을 구부리고 장작을 옮기라고 주의를 준 사람은 보이지 않았다.

이를 보고 그중 한 사람이 곡돌曲突하고, 장작 옮기라고 한 사람에게는 은혜를 갚지 않고, 초두난액焦頭爛額*한 사람은 상석이냐고 충고했다.

이는 머리와 이마에 묻은 잿가루를 훔치며 불을 끈 사람은 상석으로 초대하면서 연기구멍을 구부리고 장작을 옮기라고 미리 충고한 사람을 초대하지 않았다는 것은 이상하다는 뜻이다. 주의를 주었을 때 연기구멍을 구부리고[曲突] 장작을 옮겨놓았으면 화재는 일어나지 않았을 텐데, 그 공을 무시하는 행위는 본말전도本末顚倒라고 말할 수 있다.

이에 주인은 앞서 말한 그 사람을 곧바로 초대했다고 한다. 이것은 결코 웃어넘길 이야기가 아니다. 이와 비슷한 일들이 오늘날에도 자주 일어나기 때문이다.

일을 끝내고 난 후에 공에 대해 평가할 때는 제일 먼저 '곡돌사신'이 인정을 받아야만 한다.

그러나 현실은 아무래도 '초두난액' 하는 행위 쪽으로 먼저 눈

이 가는 경우가 많다. 리더는 이러한 부분까지도 충분히 고려해야
하겠다.

초두난액: 불에 머리를 태우고 이마를 그슬린다는 뜻으로 '몹시 속 태우며 애씀'을 이르는 말.

曲 突 徙 薪 無 恩 澤

굽힐곡　굴뚝돌　옮길사　땔나무신　없을무　은혜은　못택

한 번 귀하고 한 번 천하면
그 사귀는 정을 본다

一死一生乃知交情, 一貧一富乃知交態,
一貴一賤交情乃見 『사기史記』

권한이 있는 자리에 있으면, 번성할 때는 아첨하는 사람들이 끊이지 않고, 지위가 낮아지면 찾아오는 사람들도 뜸해진다. 다 그런 거라고 무시해 버리면 그만이지만, 쓸쓸한 풍경이 아닐 수 없다. 아마도 태양의 찬란한 빛을 기분 좋게 쬐어본 사람만이 그 몰락의 쓰라림을 느낄 수 있을 것이다.

이러한 현상은 예전에도 마찬가지였던 모양이다.

옛날 한漢나라에 적공翟公이라는 사람이 있었다. 그가 정위廷尉라는 요직에 앉아 있을 때에는 사람들이 문턱이 닳도록 드나들어 마치 시장과도 같았는데, 사임을 하자 대문 앞에 참새가 둥지를 틀 만큼 쇠락하였다. 그러나 다시 복직이 되자 또다시 와 하고 사람들이 밀물처럼 몰려들었다. 사람들의 변하는 마음을 깨닫게 된 적공은 다음의 문구를 대문 앞에 큼직하게 써 붙였다고 한다.

"인간의 교제는 생사, 빈부, 귀천에 따라 변한다. 즉, 그 사람이 살아서 돈도 많고 높은 지위에 있을 때는 사귀려고 오는 사람도 많다. 하지만 죽으면 그뿐이다. 몰락해서 돈도 지위도 잃으면 이와 더불어 사람의 발길도 끊어진다."

사람들의 얄팍한 마음을 꼬집은 말이다.

적공의 한탄은 어느 시대를 보아도 변함이 없다. 예로부터 얼마나 많은 사람들이 이와 비슷한 생각을 곱씹으며 살았을까? 인정을 가지고 대하면 상황이 좋다고 해서 신명이 나고, 상황이 나빠졌다고 해서 가라앉지는 않는다. 어떠한 상황에도 담담하게 대처할 뿐이다.

원래 상황이 좋을 때만 다가오는 사람은 진정한 친구가 아니라고 생각하고, 처음부터 적당히 대해 주면 그만이다. 진정한 친구란 맑고 흐림에 관계없이 만날 수 있는 사람이다. 그런 친구가 한 사람도 없다면 인생이 너무도 쓸쓸할 것이다.

물론 한 번 귀하고 한 번 천하면 그 사귐을 아는 것이 요즘 세상이기에 진정한 친구를 만들기란 쉽지 않다. 그러나 평소에 의식적으로 한두 명쯤은 진정한 친구를 만들기 위해 노력하는 것도 좋겠다.

一　死　一　生　乃　知　交　情,
한일　죽을사　한일　날생　이에내　알지　사귈교　뜻정

一　貧　一　富　乃　知　交　態,
한일　가난할빈　한일　가멸부　이에내　알지　사귈교　모양태

一　貴　一　賤　交　情　乃　見
한일　귀할귀　한일　천할천　사귈교　뜻정　이에내　볼견

말뜻을 헤아리고 마음을 읽으며,
생각은 깊게 하고 사람에게 겸손하다
質直而好義, 察言而觀色, 慮以下人 『논어論語』

홀륭한 사람이란 어떤 사람을 말하는가? 공자가 제자에게 이 같은 질문을 받고 다음의 세 가지 조건을 들었다고 한다.

첫째, 질직質直하고 의義를 좋아한다.

'질직'이란 바르고 꾸밈이 없다는 의미로 '교언영색巧言令色'의 반대 개념이다. '의'란 인간이 걸어야 할 바른 길로, 의를 좋아한다는 말은 항상 정도를 걷고 그릇된 일은 하지 않는다는 뜻이다. 함부로 행위를 앞세우는 요즘 사람들과는 정반대이다. 어느 쪽이 주위의 신뢰를 얻을 수 있을지는 말할 필요가 없겠다.

둘째, 언言을 찰察하고 색色을 본[觀]다.

'언을 찰한다'라는 말은 상대방의 말 속에 숨은 뜻을 읽어낸다는 의미이다. '색을 본다'라는 말은 상대방의 표정을 보고 마음을 읽어내는 것을 뜻한다. 즉, 인간을 알아보는 통찰력이라고 할 수 있다.

왜 이것이 훌륭한 인물의 조건일까? 통찰력이 없으면 무엇을 말해도 강압과 참견으로 비쳐 상대방의 반발을 사게 되고, 일을 해도 반드시 벽에 부딪히기 때문이다. 사람을 모르면 살아갈 수 없다는 말이 있는데, 그 전제 조건이 바로 이 통찰력이다.

셋째, 생각[慮]하고 인人에게 숙인다[下].

'려慮'란 생각이 깊고 신중하다는 뜻이다. 무엇인가 새로운 사업을 시작할 때는 사전에 충분한 정보를 모으고 이해득실을 잘 헤아려 본 후에 착수해야 한다. 이 세상에는 이와는 반대되는 유형의 사람들이 적지 않다. 충분한 정보도 없으면서 좋아 보인다는 이유로 불쑥 결단을 내리고 덜컥 일을 저지르고 마는 것이다. 물론 이렇게 해서 성공하는 예도 있지만, 대부분은 실패로 끝난다. 공자는 이를 두고 앞날을 보지 않는 행동이라며 싫어했다. 인人에게 숙인다[下]는 말은 겸손하라는 의미다. 이것 또한 주위의 신임을 얻을 수 있는 자세다.

이상을 정리해 보면 다음과 같다.

"솔직하고, 잘못된 일은 싫어하고, 상대방의 말과 표정을 읽어내는 통찰력이 풍부하며, 더욱이 사려가 깊고, 겸손하게 행동한다."

공자는 이를 훌륭한 인물의 조건이라고 했다.

여기서 특히 주목하고 싶은 부분은 "말을 헤아리고 표정을 살핀다[察言觀色]."이다. 이는 공자가 본래 사람을 신뢰하라고 강조하면서도 이 부분에 대해 이야기하고 있을 만큼 중요하다. 이에 우리도 항상 사람을 제대로 볼 줄 아는 통찰력을 길러서 인생을 보다 유연하게 살아가야 하겠다.

質　直　而　好　義,
바탕질　곧을직　말이을이　좋을호　옳을의

察　言　而　觀　色,　慮　以　下　人
살필찰　말씀언　말이을이　볼관　빛색　생각할려　써이　아래하　사람인

제3부

소박한 일상의 지혜

증오하면
원성을 많이 산다

忌則多怨 『좌전左傳』

'기忌'란 '증오하다[憎]', '혐오하다[嫌]', '미워하다'라는 의미다. 이러한 마음으로 사람을 대하면 상대방의 원성을 사는 일이 많아진다. 이는 모든 인간관계에도 적용되지만, 원래는 윗사람과 아랫사람의 관계에 대하여 말하고 있다.

옛날 진晉나라에 혜공惠公이라는 왕이 있었다. 어떤 사람이 혜공을 일컬어 "상대를 얕잡아 보아 어렵다."라고 말했다.

'기극忌克'이란 뛰어난 부하가 있어도 그 재능을 미워하여 "네 주제에 무얼 알아? 내가 훨씬 낫다." 하는 태도로 상대방을 무시한다는 의미다. 혜공은 그런 유형의 인간이었던 것 같다. '어렵다[難]' 고 한 이유는 그렇게 하면 리더로서의 자격이 없다는 뜻이다.

진晉의 이웃에 있던 나라가 진秦이라는 나라다. 당시 이 나라의 왕은 목공穆公이라는 명군이었다. 목공이 혜공의 평을 듣고 말한 것이 여기에 소개한 '증오하면 원성을 많이 산다'는 내용의 이야기다. 앞서도 말했듯이 부하의 재능을 받아들이지 못하여 미워하고 멀리하면 원성을 살 수밖에 없다. 그리하여 리더로서 올바른 통솔력을 발휘할 수가 없다는 말이다.

생각해 보면 현대의 관리자 가운데도 혜공과 같은 유형의 사람들이 적지 않다. 관리자는 부하의 능력을 최대한 이끌어내어 사용할 줄 알아야 한다. 관리자가 능력 있는 부하를 멀리하면 중요한 일을 할 수 없다.

물론 능력 있는 사람들 중에 괴팍한 성격인 경우가 종종 있어서 다루기가 쉬운 것만은 아니다. 그러한 부하 직원을 두었을 경우에 관리자는 불가피한 고생을 감수해야 한다. 귀찮고 힘들겠지만, 부하 직원을 의욕적으로 만들어주는 것 또한 관리자의 임무다. 부하 직원의 입장에서는 윗사람이 자신을 미워하거나 싫어한다는 사실을 알면 쉽게 낙담할 가능성이 높다. 그러한 일로 아까운 인재를 짓밟는다면 정말 안타까운 일이 아닐 수 없다.

"증오하면 원성을 많이 산다." 하는 말은 윗사람과 부하의 관계뿐 아니라 모든 인간관계에도 적용될 수 있다. 다른 사람의 원한을 사면 언제 어디선가 발목을 잡힐 수도 있다.

누구에게나 아무리 노력해도 좋아지지 않는 사람이 있을 수

있다. 그렇다고 노골적인 혐오감을 표현하거나 험담을 하는 것은
좋은 대응 방법이라고 할 수 없다. 멀리하면 그만이다.

忌 則 多 怨
꺼릴 기   곧 즉   많을 다   원망할 원

관대하지만 두려움이 있고, 엄하지만 사랑을 받는다

寬而見畏, 嚴而見愛 『송명신언행록宋名臣言行錄』

'관이견외 엄이견애寬而見畏 嚴而見愛'란 말은 정치의 핵심을 말하는 구절로, 일반 조직관리에 그대로 적용이 가능하다.

'관寬'이란 관용, 관대, 나아가서는 느슨한 태도를 가리키고, '엄嚴'이란 엄격한 태도를 가리킨다. '관용'으로 대하면 국민과 부하에게 사랑을 받고, '엄격'하게 대하면 두려움의 대상이 된다. 이것이 일반적인 모습이다. 그러나 이상적인 상황은 그 반대라고 할 수 있다.

이것은 송宋나라의 정치가이자 문인이었던 소식蘇軾*이라는 인물의 이야기로 그가 언급한 구절을 조금 더 인용해 보면 다음과 같다.

관용으로 얻은 사랑은 그 사랑이 일시적이다. 엄격함으로 두려움을 얻으면 두려움 또한 힘이 미치는 곳에 한정된다. 그런 연유로 관대함으로 두려워하고 엄격함으로 사랑을 얻는 일은 모든 성현들이 추구한 어려운 과제로 멀고 먼 곳에 있다.

느슨한 태도로 국민의 사랑을 받으면 그 사랑은 일시적이고 오래 지속되지 않는다. 또한 엄격한 태도로 국민들로 하여금 두려운 마음을 갖게 하면 두려운 것은 힘이 미치는 범위에 한정되어 버린다. 따라서 느슨한 태도로 임하면 국민에게 두려움을 얻고, 엄격한 정치로 사랑을 받는 정치는 옛 성현들도 곤란을 겪었으며, 이는 미치지 못하는 높은 곳에 있다.

그렇다면 현실에서 위의 내용을 실천한 정치가가 있었을까? 실제로 가까운 경지에 이른 이는 간혹 있었다. 예를 들어『삼국지』의 제갈공명이 있다. 이 사람은 촉蜀나라의 승상이었는데, 그의 정치에 대해 "나라 안에서는 모두가 두려워하는 한편 또한 사랑을 한다."라고 전하고 있다. 백성들로부터 두려움을 얻으며 동시에 사랑을 받았다고 하니, 소식이 말하는 경지에 가까이 갔다고 할 수 있다.

어떻게 그것이 가능했을까? 공명의 경우 두 가지 이유를 들 수가 있다.

첫째, 그의 정치적인 특징은 법률을 엄격하게 적용하는 '신상 필벌信賞必罰의 정치'였으나 한편으로는 '관용'의 요소도 있었다. 즉 엄격함과 관용이 적절히 균형을 이루었다.

둘째, 법의 적용이 공평무사公平無私하여 편파적이지 않았다. 그만큼 설득력이 있었다는 뜻이다.

정치에 쓸데없이 관용이 넘치면 오래 지속하기가 힘들다. "두려워하게 하면서 동시에 사랑을 받는" 방식을 추구하는 것이 바람직하다.

소식 : 중국 북송의 문인.

寬　而　見　畏,　嚴　而　見　愛
너그러울관 말이을이 볼견 두려워할외 엄할엄 말이을이 볼견 사랑애

군주에게 유일한 즐거움은
거역하는 이가 없다는 것이다

莫樂爲人君, 唯其言而莫之『한비자韓非子』

언젠가 중소기업 경영자와 술자리를 함께 했는데, 그가 "아첨을 하면서 달라붙는 부하 직원이 아무래도 귀여워요."라고 씁쓸한 웃음을 지으며 말하는 소리를 들었다. 여기서 말하는 구절도 이와 비슷할지 모르겠다.

옛날에 진晉이라는 나라에 평공平公이라는 왕이 연회석상에서 거나하게 술에 취하여 불쑥 말을 흘렸다고 한다.

"군주에게는 아무런 낙이 없도다. 굳이 하나를 들자면, 말하고 싶은 것을 말해도 어느 누구 하나 반대하는 자가 없다는 것이다."

이것은 현대의 리더에게도 상당 부분 적용되는 내용이다. 물론 "낙이 없다." 하는 것을 말 그대로 받아들이기에는 무리가 있다. 이러쿵저러쿵 구실을 만들어 최고의 자리에 있으려고 하는 사람은 언제나 많다. 리더의 자리는 나름의 매력이 있기 때문이다.

하지만 낙이 없다고 말하는 기분도 알겠다. 리더의 자리란 제대로 하려면 책임이 무거운 한편 고독하다. 이를 견뎌낼 각오가 없으면 도저히 지킬 수가 없다. 인간으로서 누려야 할 즐거움마저 어느 정도 희생해야만 할 때도 있기 때문이다.

이를 보상해 주는 것이 자신의 말을 아무도 거역하지 못한다는 것이다. 누구라도 이러한 입장에 서면 편안함을 느끼게 되므로 그 자리를 버리기가 싫어진다. 특히 평범한 리더일수록 이런 유혹을 뿌리치기가 어렵다.

여기에 리더의 함정이 있다.

처음에는 각자 나름대로 긴장감을 갖고 그 자리에 앉아 있던 인물도 시간이 지나면서 자신의 위치에 익숙해져 주위에 늘 똑같은 사람만을 두게 된다. 그렇게 되면 '예스맨'들만 주위에 가득하여 기분은 한층 편안해질지 몰라도 조직으로부터 겉돌게 되고 만다. 이것이 위험신호다.

이것을 부하 직원의 책임으로 돌리는 리더도 있다. 물론 부하 직원에게 전혀 책임이 없다고 말할 수는 없지만, "실수해서 미움을 사면 어떻게 될까?" 하는 걱정에 말하고 싶은 것도 꾹 참는 경우가 많다.

부하 직원의 입을 열게 하려면 조직의 분위기를 항상 좋게 해 주어야 한다. 이것이야말로 리더의 역할이며, 이를 게을리하면 부하 직원에게 책임을 물어봐야 아무 소용이 없다.

리더가 좁은 세계에 안주하여 살피지 못하면 곤란하다.

莫　樂　爲　人　君,　唯　其　言　而　莫　之
없을막　즐길락　할위　사람인　임금군　오직유　그기　말씀언　말이을이　없을막　갈지

궁하면 하는 바를 보고, 빈곤하면 구하는 바를 본다

窮視其所不爲, 貧視其所不取 『사기史記』

진정한 인재란 어떤 인물일까? 그리고 그들을 어떻게 찾아낼 수 있을까? 중국의 고전들은 이 문제에 대해 여러 각도에서 다루고 있는데, 여기에 소개하는 내용이 그중 하나다.

위魏나라의 문후文侯라는 왕이 제상을 선택하기 위해 이극李克이라는 정치고문의 의견을 물었다.

"선생은 일전에 '가난한 집안에 현명한 아내가 필요하듯이 혼란한 나라에는 훌륭한 제상이 필요하다.' 하고 가르쳐 주었소이다. 그래서 묻는바, 지금 제상의 후보로 위성자魏成子와 구황翟璜 두 사람이 있는데 둘 중 누가 좋겠소이까?"

이런 경우 신하의 입장에서는 이름을 거명하여 대답하지 않는 것이 보통이나, 문후의 간절한 부탁에 이극은 인물이 갖춰야 할 다섯 가지 조건을 제시하며 간접적으로 대답했다. 그 조건이란 다음과 같다.

평소 그 친한 바를 보고, 풍족할 때 그 사용하는 바를 보며, 성공해서 추천하는 바를 보고, 궁해서 하는 바를 보며, 빈곤해서 구하는 바를 본다.

첫째, '평소 그 친한 바를 본다.' 하는 것은 평소에 어떤 상대와 친하게 지내는가를 보는 것이다. 형편없는 사람들이나 자신보다 못한 사람들에게 둘러싸여 대장 노릇을 하고 있다면 아무짝에도 쓸모없다. 뛰어난 인물들과 사귀며 부단히 자신을 도야陶冶할 필요가 있다.

둘째, '풍족할 때 그 사용하는 바를 본다.' 하는 것은 가령 돈이 풍족할 때 어떻게 사용하는가를 보는 것이다. 돈이란 모으기보다 쓰는 일이 더 어렵다. 여기서는 그 사용방법에 대해 말하는 것이다.

셋째, '성공해서 추천하는 바를 본다.' 하는 것은 높은 지위에 올랐을 때 어떠한 상대를 추천하는가를 본다는 의미다. 자신을 둘러싸고 있는 사람들 중에서 마음에 드는 사람만을 생각한다면 말이 안 되는 일이다.

넷째, '궁해서 하는 바를 본다.' 하는 것은 막바지에 몰렸을 때 손을 대서는 안 될 일에 손을 대는가를 본다는 의미다. 이래서는 훌륭한 인물이라고 할 수 없다.

다섯째, '빈곤해서 구하는 바를 본다.' 하는 것은 궁핍하다고 남의 것을 탐하지 않았는가를 본다는 의미다. "가난해지면 사리판단이 둔해진다."라는 격언도 있는 만큼 각별히 조심해야 할 부분이다.

이극은 제상의 조건으로 인격적인 요소를 강조하고 있는데, 이는 오늘날 더욱 절실한 내용이 아닐 수 없다. 원하건대 이상의 인격적인 조건을 갖춘 사람이 되고 싶다.

窮　視　其　所　不　爲,
다할궁　볼시　그기　바소　아닐불　할위

貧　視　其　所　不　取
가난할빈　볼시　그기　바소　아닐불　취할취

친애親愛하는 일을 삼가고,
천오賤惡하는 일을 삼가라

人之其所親愛而辟焉, 之其所賤惡而辟焉 『대학大學』

'벽辟'이란 '편중되다'라는 의미다. 자신의 마음에 드는 사람을 좋아하는 것은 인지상정이다. 마음에 들지 않는 사람을 싫어하는 것 또한 마찬가지다. 좋고 나쁜 감정은 누구에게나 있다.

문제는 자칫 편중되는 일이다. 편중이란 균형을 잃은 상태인데, 결과적으로 공정한 판단을 하지 못하여 결국 상대방을 곤란하게 하고 주위에도 해를 끼칠 수가 있다.

예를 들어 자신의 아이들에 대한 애정을 생각해 보면 이해가 쉬울 수도 있겠다.

부모라면 누구나 자신의 아이가 귀엽고, 자식이 잘되기를 바라지 않는 부모는 없다. 이는 부모의 당연한 감정이다. 하지만 이런 감정이 지나치면 어떻게 될까? 자식을 응석받이로 만들어 오히려 독이 될 수도 있다.

요즘 부모와 자식의 관계를 보면 아이가 어린 경우일수록 지나칠 정도로 달라붙어 있는 경우가 많다. 그러다 아이가 중학생 정도가 되면 부모가 불러도 대답조차 안 한다. 아이는 점점 자랄수록 부모가 무슨 말을 해도 쓸데없는 참견쯤으로 받아들인다. 심하면 "시끄러!" 하고 소리를 지르는 일까지 있다. 당황한 부모는 그저 허둥대기만 할 뿐이다. 이는 분명 편애의 역효과다. 그렇게 안 되려면 내 아이라고 무조건 끌어안지 말고 조금은 거리를 두고 지낼 필요가 있다.

반대로 '천오'하는 경우가 있다. 아무리 노력해도 좋아지지 않는 상대가 있기 마련이다. 어딘가 마음이 맞지 않고 왠지 미운 상대가 있다. 그런 상대에게 조금이라도 혐오감을 보이면 상대 역시 똑같은 감정을 느끼고 결국 냉랭한 관계가 된다.
어떤 사람이라도 나름대로 장점이 있다. 싫은 사람이라도 가능하면 장점을 찾으려고 노력해야 한다. 아무리 애를 써도 불가능하다면 멀리하면 그만일 뿐, 굳이 혐오감을 표현할 필요는 없다.

'친애'와 '천오'를 해서는 안 될 사람이 조직의 리더이다. 마음에 드는 사람에게만 다가가고, 싫은 상대는 멀리하다 보면 모처럼 얻은 인재가 사장死藏되고 조직의 활성화는 기대할 수도 없게 된다. 리더들은 이 점을 경계해야 한다.

人 之 其 所 親 愛 而 辟 焉,
사람인 갈지 그기 바소 친할친 사랑애 말이을이 편벽될벽 어찌언

之 其 所 賤 惡 而 辟 焉
갈지 그기 바소 천할천 미워할오 말이을이 편벽될벽 어찌언

하루를 보면 부족함이 있고, 일 년을 보면 남음이 있다

日計之而不足, 歲計之而有餘 『장자莊子』

조금 더 쉽게 풀어서 해석하면 "하루 계산은 부족한데 일 년 계산은 남는다."라는 뜻이다. 어째서일까? 『장자』는 다음의 이야기를 인용하고 있다.

옛날에 강상초康桑楚라는 인물이 있었는데, 외루畏壘라는 마을로 이사와 정착을 했다. 그런데 그는 영리한 척하는 하인과 어진 척하는 하녀들을 모두 해고하고, 바보 같고 말이 잘 통하지 않는 사람만을 주변에 두었다. 처음에 마을 사람들은 그의 행동이 이해가 가지 않았다. 그런데 차츰 그의 덕에 감화되었으며, 생활도 눈에 띄게 풍족해졌다.

마을 사람들은 기뻐서 다음과 같이 말했다.

"강상자가 처음에 왔을 때는 이상한 사람이라고 생각했다. 그런데 지금 하루를 계산해 보면 부족한데 일 년을 계산하면 남는다. 저 사람은 성인인가?"

강상자가 처음 마을에 왔을 때 마을 사람들은 이상한 사람이라고 생각했다. 그런데 지금은 강상초 덕택에 하루하루 계산해 보면 부족한데, 일 년 단위로 계산하니 상당한 이익이 남았다. 그래서 모두들 그를 성인과 같은 분이라고 칭송한다는 뜻이다.

『장자』는 우화 같은 이야기를 다루고 있기 때문에 이것이 정말인지 아닌지는 알 길이 없지만, 상당히 많은 것을 시사해 준다.

이 이야기가 말하고자 하는 것은 눈앞의 이익보다는 긴 안목으로 보았을 때 결산이 맞으면 그것으로 족한다는 것이다. 이 경우 '일계日計'는 전술, '세계歲計'는 전략이라 해도 무방하다.

전술적인 승리가 아무리 많아도 항상 전략적 승리로 이어진다고 볼 수는 없다. 아니, 전술적으로 이기면 이길수록 어설프게 저항만 강해져 오히려 전략적으로는 불리한 지경에 이를 위험이 있다. 그보다는 전술적으로는 져도 전략적으로 승리하는 쪽을 노리는 것이 훨씬 현명한 방법이다.

그런데 나라와 기업의 경우를 보면 이와 반대인 듯하다.

기업이 경쟁력을 높여 세계 속에 우뚝 자리를 잡고 그 힘이 강해지면서 반발을 불러일으켜 여러 가지 형태로 양보와 후퇴를 해야만 하는 상황이 될 때가 있다. 그럴 때는 양보가 문제가 아니다. 진짜 문제는 대책도 없이 뒤로 물러나는 경우다. 똑같은 양보라면 전략적으로 유리한 입장에 서서 물러나는 것이 좋다. 다시 말해서 '일계'는 양보를 해도 '세계'는 계산이 맞으면 그것으로 족하다. 이 부분이 리더가 해야 할 일이다. 리더는 전략적인 상황을 보는 안목을 키워야 한다.

日 計 之 而 不 足,
해일 꾀계 갈지 말이을이 아닐부 족할족

歲 計 之 而 有 餘
해세 꾀계 갈지 말이을이 있을유 남을여

나라를 다스리는 길은
관용과 엄격함의 중립을 얻는 데 있다

治國之道, 在乎寬猛得中 『송명신언행록宋名臣言行錄』

나라를 다스리는 핵심은 '관맹중寬猛中을 얻는 것'이라 한다. '관寬'이란 관용과 관대함이고, '맹猛'이란 엄격함과 비슷한 뜻으로 신상필벌信賞必罰의 원칙이다. '중中을 얻는 것'은 이들의 균형을 맞추는 일이다.

'관용'에 치우쳐서도 '엄함'에 편중되어서도 안 된다. 양자의 균형을 맞추는 것이 나라를 다스리는 핵심이다.

송宋나라 태종太宗의 말이다.

중국에는 초대 왕을 '태조太祖', 두 번째를 '태종太宗'이라고 묘호廟號*를 붙이는 관례가 있었는데 '태종'이라고 불리는 황제 중에 역대에 보지 못한 명군名君이 많다. 송나라 태종 역시 그러하다.

위 내용은 송나라 태종이 말한 명언으로 조금 더 덧붙이면 다음과 같다.

나라를 다스리는 길은 관맹중寬猛中을 얻는 데 있다. 관대하면 질서가 어지럽고, 엄격하면 백성의 손과 발을 묶는다. 천하를 얻는 자는 이 부분에 신중해야 한다.

이를 해석하면 "관용[寬]이 지나치면 통제력이 느슨해져 명령을 백성들에게 전달할 수가 없으며, 엄함[猛]이 지나치면 이번에는 백성들이 쉴 틈이 없다. 그러므로 정치를 하는 자는 이에 대해 신중하게 대처해야 한다." 하는 뜻이다.

과연 옳은 말이다. 국민의 인기를 얻는 데만 치중하면 정치는 아무래도 '관용'으로 기운다. '관용'이 극단적으로 흐르면 국민은 응석받이가 되어 얼마 안 가 느슨한 정치가 눈에 띄게 드러난다. 그러다 결국에는 정말 중요한 시점에 결정을 내릴 수 없게 되어 나라의 존립 자체가 위험해질 우려가 있다.

반대로 엄격한 통제는 국민들을 불안하게 만들어 명령을 따르게 할 수는 있다. 그러나 국민들은 시간이 지날수록 고된 상황을 못 이겨 활력을 잃고 만다. 결국 어느 쪽에 치우쳐도 폐해가 따를 수밖에 없다.

정치뿐만이 아니다. 기업이나 조직의 관리 역시 마찬가지다. 일반적으로 현대 관리직은 '관용'이 지나치고 '엄함'이 결여되어 있다고 한다. 무엇이든 "괜찮아, 괜찮아." 하며 대충 넘어가는 식으로는 부하를 키울 수도 없고, 조직도 엉망이 되어버리기 일쑤다. 주의를 주어야 할 때는 분명하게 주의를 주어야 한다. 그 정도의 엄격함은 필수 불가결하다. 어느 시대를 막론하고 '관용'만으로 국가나 조직을 이끌어나간 경우는 없었다.

오늘날의 관리도 '관맹寬猛을 적절히 얻는 것'을 겨냥해 앞으로 나아갈 필요가 있다.

묘호: 임금이 죽은 뒤에 생전의 공덕을 기리어 붙인 이름.

治 國 之 道, 在 乎 寬 猛 得 中

다스릴 치　나라 국　갈 지　길 도　　있을 재　어조사 호　너2러울 관　사나울 맹　얻을 득　가운데 중

오늘 새롭고, 나날이 새롭고, 또 하루가 새롭다

苟日新, 日日新, 又日新 『대학大學』

옛날 은殷 왕조의 명군 탕湯 임금은 세숫대야에 아홉 개의 글자를 새겨놓고, 매일 아침 세수할 때마다 그 글자들을 보고 수신修身과 정치에 대한 각오를 새롭게 했다. 그리하여 탕왕 시대에는 왕의 이러한 자세가 정치에 그대로 반영되어 정치의 안정을 꾀하는 것이 가능했다.

이 이야기는 정치에 국한되지 않는다. 모든 일에 문제의식을 가지고 도전 정신을 불태우는 자세로 임하면 성적도 오르고, 자신도 발전시킬 수 있다.

일을 하다 보면 같은 일을 반복하는 경우가 대부분이다. 엄벙덤벙 하다 보면 타성에 젖어 곧 질리게 마련이다. 그런 식으로는 아무것도 얻을 수가 없고, 실적에도 지장을 초래한다. 이를 극복하기 위해서는 역시 '나날이 새롭게'라는 정신으로 의욕적으로 부딪쳐 나가야 한다.

내일 역시 마찬가지다. 하나의 산을 넘으면 또 다른 산이 기다리고 있다.

한편 글을 쓸 때도 "한번 해보자!" 하는 마음이 안에서 우러나오지 않으면 하루 종일 책상 앞에 앉아 있어도 단 한 줄도 쓸 수가 없다. 또 그럴 때는 무리해서 쓴다고 해서 대단한 글이 나오는 것도 아니다. 내 나름대로 인정할 만한 일을 하기 위해서는 무엇보다 마음속에서 자발적으로 의욕이 솟구쳐야 한다. 그래야 비로소 눈앞의 산을 하나씩 넘을 수가 있다. 또한 이러한 경험들을 쌓다 보면 어느 정도 자신을 향상시킬 수가 있다.

직장인들 역시 마찬가지다. 아침에 집을 나서면서 '아, 싫다.' 또는 '아, 귀찮아.' 하고 생각한다면 일이 제대로 될 리가 만무하다. 아침에 집을 나설 때는 '오늘 한번 해보자.' 하고 스스로 격려할 필요가 있다. 의욕이 넘칠 때 일도 잘 되고, 개인의 발전도 기대할 수 있는 것이다.

귀중한 인생을 충실하게 살기 위해서는 매일의 생활을 "매일 새롭게" 임하는 자세로 살아가야 하지 않겠는가!

하지만 인간은 약한 동물이기에 긴장감이 오래가면 견디기가 어려워진다. 지나치게 무리하다 보면 얼마 안 가 정열을 다 소진消

盡해 회복 불능의 상태에 빠질 위험이 있다. 따라서 지나친 긴장의 연속은 위험하며, 한번씩 긴장을 풀어줄 필요가 있다.

때로는 쉬어가며 항상 새로운 기분으로 인생에 도전하자.

苟 日 新, 日 日 新, 又 日 新
진실로구 해일 새신 해일 해일 새신 또우 해일 새신

엄한 정치에 백성들이 모두 두려워하면서도 원망하는 이가 없다

邦域之內咸畏而愛之, 刑政雖峻而無怨者 『삼국지三國志』

『삼국지』의 제갈공명諸葛孔明이라고 하면 오로지 지략이 뛰어난 군사로만 알려져 있다. 물론 그런 측면도 있으나 실제로는 정치가 그의 주된 임무였다. 그는 소국인 촉蜀의 제상으로 국력에 걸맞지 않은 큰 전쟁을 치르는 동안에도 국내 통치에 빈틈이 없었다. 발군의 통솔력이라 할 만하다.

여기에 인용한 글이 공명의 정치를 평한 내용이다.

나라 안 사람들은 공명을 두려워하면서도 사랑했다. 그는 엄한 정치를 하면서도 백성들로부터 원성을 사는 소리가 들리지 않았다.

세상에는 부하에게 두려움의 대상이 되는 리더가 있고, 반대로 부하의 사랑을 받는 리더도 있다. 그러나 이 두 가지를 동시에 느끼게 하는 인물은 극히 드물다. 이는 리더가 이루기 힘든 높은 이상이라고 하겠다.

공명의 정치는 '엄한 형벌정치'처럼 신상필벌信賞必罰의 엄격한 기초 위에 행해졌다. 조그만 국가가 대국을 상대로 무리한 전쟁에 도전했기에 세금 징수, 물자 징발, 병사를 동원하는 일 등 모든 면에서 엄격한 방침이 적용될 수밖에 없었다. 백성들이 충분히 두려워할 만한 상황이었다.

엄한 정치에 고통을 감내하기 어려워 백성들 사이에서 불만의 목소리가 터져 나와도 이상한 일은 아니었을 것이다. 그렇지만 공명의 경우, 그를 원망하는 자가 없었다고 한다. 어떻게 백성들에게 사랑을 받는 일이 가능했을까?

세 가지 정도 이유를 들 수 있다.

첫째, 엄격함 속에 따뜻한 배려가 함께 했다. 공명은 백성들의 생활이 향상되도록 농업의 진흥과 산업의 장려에도 힘을 기울여 상당한 자금을 투자했다. 지금으로 말하면 무조건 열심히 일하게 하는 것이 아니라 급료도 그에 걸맞게 지급한 것이라 할 수 있겠다.

둘째, 공평무사公平無私해서 편중됨이 없었다. 따라서 무거운 처분을 받아도 백성들이 "공명님은 잘못이 없어. 잘못이 있다면 내게 있지." 하고 납득을 할 수가 있었다.

셋째, 솔선수범의 자세다. 공명은 아침 일찍부터 밤 늦게까지 자신을 희생하며 일에 전념했다고 한다. 이러한 그의 모습이 감화를 주어 부하와 백성들의 지지를 얻을 수 있게 한 것이다.

　이러한 이유들이 어우러져 제갈공명은 발군의 통솔력을 발휘할 수 있었다. 오늘날의 리더들에게 훌륭한 교훈이 될 만한 내용이다.

邦　域　之　內　咸　畏　而　愛　之,
나라방　지경역　갈지　안내　다함　두려워할외　말이을이　사랑애　갈지

刑　政　雖　峻　而　無　怨　者
형벌형　정사정　비록수　높을준　말이을이　없을무　원망할원　놈자

● 빛과 더러움 ●

빛은 부드럽게 하고, 더러움과 같이 하라

和其光, 同其塵 『노자老子』

'빛[光]'이란 자신의 능력과 재능을 말하며, '부드럽게[和]'란 능력과 재능이 반짝반짝 빛나도록 하지 말라는 뜻이다. '더러움[塵]'이란 세상의 먼지와 더러움을 뜻하고, '같이[同] 하라'는 말은 그 속에 몸을 들여놓고 함께하라는 의미이다. 즉, 보잘것없는 능력을 마치 큰 자랑이라도 되는 듯이 내세워 "내가! 내가!" 하면서 앞서 나가려 하지 말고, 사람은 모름지기 겸손해야 한다는 뜻이다. 이를 사자성어로 하면 '화광동진和光同塵'이다.

사회인으로 세상을 살기 위해서는 능력과 덕을 갖추어야 한다. 다시 말해 자신이 맡은 일을 잘 해내면서 동시에 인간성도 좋아야 한다. 이 두 가지 중 어느 한쪽만 결여되어도 주위에서 신뢰를 얻을 수가 없다. 덕을 갖추기 위한 요인 중 가장 중요한 것이 바로 '겸손謙遜'이다.

한번은 젊은이들 앞에서 겸손의 중요성에 대해 강연한 적이 있었는데, 여기에 반론을 제기하는 이가 있었다. 그는 다음과 같이 말했다.

"선생님께서 말씀하시는 내용은 요즘 세상과는 맞지 않습니다. 지금은 '자기광고 시대'이고, 행동하는 세상입니다. 겸손해서는 살아남을 수가 없습니다."

과거에는 겸손이 통하는 시대였지만, 지금은 오히려 적극적으로 자신을 표현하는 시대라는 의미다. 물론 시대가 바뀐 오늘날에는 이러한 삶의 방식도 나름대로 설득력이 있으므로 부정할 수는 없지만, 그렇다고 쌍수를 들어 찬성할 만한 일이라고 할 수도 없다.

저마다 자기주장만 하다 보면 사회는 딱딱해진다. 섣불리 자기 의견만 내세우기보다 '화광동진' 하는 삶의 방식이야말로 가장 훌륭한 자기주장이라 할 수 있다.

노자는 만물의 근원으로서 도道의 존재를 설파하고 이 '도'로부터 만물이 생겨난다고 했다. '도'는 그토록 큰 기능을 하는 존재이면서 자기 주장을 조금도 하지 않을 뿐 아니라 언제나 고요하다.

인간이 '도'가 지닌 그 크고 큰 덕德을 익힐 수 있다면 그 어떤 난세亂世에서라도 살아나갈 수 있을 것이다.

和 其 光, 同 其 塵
화할화 그기 빛광 한가지동 그기 티끌진

군주에게 봉사함에 예를 다하면 사람들은 아첨이라 말한다

事君盡禮, 人以爲諂也 『논어論語』

『논어』에 있는 공자의 말이다. 공자라는 인물은 성인군자로 알려져서인지 접근하기가 쉽지 않은 듯한 인상을 준다. 게다가 그의 언행록인『논어』에는 딱딱한 설교밖에 없다며 멀리하는 사람이 적지 않다.

그러나 공자는 평생을 고생한 사람으로 계속되는 고난에도 굴하지 않고 오히려 고난을 비료 삼아 자신의 그릇을 키워낸 인물이다. 역경을 딛고 일어나 자신의 길을 찾아나선 점이야말로 그의 뛰어난 면이 아닐까?

공자는 집에서 쉴 때는 정말 유유자적하면서 편하게 시간을 보냈지만, 공적인 자리에 나설 때는 자신만의 위엄을 갖추고 상급자에 대한 예를 바로 하여 깍듯이 봉사했다고 한다.

여기에 소개한 "군주에게 봉사함에 예를 다하면 사람들은 아첨이라 한다." 하는 말은 공자의 탄식이다.

'예禮'란 경계선이다. 하급자가 상급자에게 봉사할 때에는 상대의 입장에 경의를 표하고 말투나 태도 등을 정중히 해야 하는데, 바로 이것이 '예'이다.

그러나 자신은 '예'를 다해 상급자에게 봉사한다는 마음으로 행동한 것이 주위에서 볼 때는 지나치게 아첨하는 것으로 비칠 수가 있다. 그렇게 되면 비굴한 사람이라는 오해를 받을 수도 있다.

부하가 윗사람에게 '예'를 다해 봉사하는 것은 오늘날 사회를 살아가고 있는 조직의 구성원들도 반드시 갖춰야 할 조건 중 하나이다. 조직에서 부하의 입장이면서 윗사람을 무시하는 태도를 취하거나 제대로 인사조차 하지 않는다면 윗사람의 주목을 받을 수 없을 뿐만 아니라, 버릇없이 보일 수도 있다.

이처럼 조직에서 성장하기 위해서는 윗사람에게 '예'를 다해 봉사하는 자세가 반드시 필요하다.

부하 직원이 자신에게 예를 갖추어 대하는데 싫어하는 상사는 없을 것이다. 일을 할 때 자신과 라이벌인 상대를 누르고 성공하는 데는 윗사람에게 예의를 지키는 태도가 매우 중요한 작용을 한다. 단지, '예'를 다한 행위가 다른 사람에게 비굴하게 보이는 것은 좋지 않다. 이 점은 각자의 주체성의 유무에 달려 있으며, 이 때문에 균형을 잡기가 어려운 것이다.

事 君 盡 禮, 人 以 爲 諂 也
일사　임금군　다할진　예도례　사람인　써이　할위　아첨할첨　어조사야

말은 행동을 돌이켜보게 하고, 행동은 말을 돌이켜보게 한다

言顧行, 行顧言 『중용中庸』

국정을 담당하고 있는 정치가들의 언행이 일치하지 않으면 국민의 불신이 고조된다. 말과 행동이 일치하지 않으면 무슨 말을 해도 설득력이 없다. 듣는 입장에서 보면 그 뜻이 퇴색하기 쉬우며, 신뢰는 날아가 버린다. 가령 돈의 힘으로 정치권력을 잡은 이가 "이제 정치개혁이 필요합니다!" 하고 외친다 한들 누가 믿겠는가! 진정으로 개혁을 하려면 우선 옳지 못한 방법으로 권력을 잡은 정치가들부터 책임을 져야 할 것이다. 정치가들이 먼저 그런 모습을 보이면 국민들도 설득력이 있다고 믿고 납득해 줄지도 모르는 일이다.

언행일치는 정치가에게만 요구되는 미덕은 아니다. 이는 일반 사회인에게도 똑같이 필요한 것이고, 조직을 이끄는 리더의 경우가 특히 그러하다. 윗자리에 앉은 사람이 말과 행동을 다르게 하면 부하의 신뢰를 잃게 되며, 그 폐해는 상당히 심각하다. 그러나 언행일치를 입으로 떠드는 일은 간단하지만, 막상 실천하려면 쉽지만은 않다.

공자도 『논어』에서 "군자는 말을 행함에 지나침을 부끄러워한다."라고 말하고 있다.

군자는 말만 앞세우고 행동이 따르지 않음을 부끄러워한다는 뜻이다. 스스로 주의를 기울여 경계하지 않으면 자신도 모르는 사이에 말만 앞세우게 된다. 누구라도 자신의 인생을 되돌아보면 그런 순간들이 적지 않으리라.

그렇다면 어떻게 해야 언행일치를 이룰 수 있을까? 여기에 인용한 "말은 행동을 돌이켜보게 하고, 행동은 말을 돌이켜보게 한다."라는 구절을 참고하면 되겠다.

"언言은 행行을 돌이켜보게 하고"라는 말은 무엇인가를 말할 때 행동이 말에 따를 것인지 아닌지를 점검하면 스스로 자신의 말에 제동을 걸 수가 있다는 뜻이다. 또한 "행은 언을 돌이켜보게 한다."라는 말은 행동을 할 때는 먼저 자신이 한 말에 대해 생각해 보고, 말한 것에 비해 아직 행동이 부족하지 않았는지 반성한 다음 스스로 격려하라는 뜻이다.

결국 이 말이 전하고자 하는 바는 "말은 소극적으로, 행동은 적극적으로" 하라는 뜻이다. 이것을 마음에 새기고 있으면 말과

행동의 차이를 줄이고 언행일치에 보다 더 가까이 다가갈 수 있을
것이다.

言 顧 行, 行 顧 言
말씀언 돌아볼고 갈행   갈행 돌아볼고 말씀언

인생에서 하나를 줄이면 그만큼 초탈할 수 있다

人生減省一分, 便超脱一分 『채근담菜根談』

인생에서 하나하나 줄여나가다 보면 그만큼 세상의 번거로움에서 벗어날 수가 있다.

무슨 뜻일까? 『채근담』에 따르면 다음과 같다.

교제를 줄이면 분쟁에서 벗어날 수 있다. 상대방을 줄이면 비난받을 일이 적어진다. 분별력을 줄이면 피곤함이 줄어든다. 지혜를 줄이면 본성에 전념할 수 있다.

『채근담』은 계속해서 줄이는 것에 대해 강조하고 있다.

하루하루 줄이지 않고 늘려나가는 사람은 진정으로 삶을 힘들게 할 뿐이다.

줄이지 않고 늘려나가는 일만 생각하는 사람은 자신의 인생을 옴짝달싹 못하게 동여매는 이치와 같다.

일만 봐도 그렇다. 사회인으로 살아가려면 주어진 곳에서 주어진 임무를 착실히 수행해 나가야 한다. 쓸데없는 일에 매달려 바쁘게 움직인다고 칭찬해 주는 사람은 아무도 없다. 분별력과 지혜 역시 마찬가지다. 인생을 살아나가기 위해서는 이들을 부단히 갈고닦아 열심히 살 필요가 있다. 그러나 분별력과 지혜에만 집착하다 보면 생명의 단축을 초래하는 결과를 낳을 수도 있다.

최근 들어 '여유 있는 인생'에 대해 말하는 사람들이 많다. 어렵게 주어진 인생이기에 할 수만 있다면 누구나 여유를 가지고 살기를 원한다. 여유 있는 인생을 향유하기 위해서는 먹고살기에 바빠서는 곤란하다. 어느 정도는 경제적으로 자유로워야 한다.

그러나 돈만 있다고 해서 인생이 여유로워지는 것은 아니다. 이는 경험을 통해 알 수 있다. 매일 아침 부산하게 움직이는 생활 속에서 여유는 꿈도 꿀 수 없다.

이런 관점에서 보면 개인 생활이 어떠한가를 보기도 전에 사회 전체가 지나치게 바쁘게 돌아가는 느낌을 지울 수가 없다. 허둥대는 생활 속에서는 "아차!" 하는 순간 인생이 지나가 버린다.

결국 여유란 『채근담』이 말하는 '줄이는 일'과 매우 관련이 깊다. 늘려나가기는 쉽지만 줄이는 일은 오히려 더 어렵다. 능숙하게 '줄이는 일'이 가능한 사람이야말로 인생의 승리자라 할 수 있겠다.

人　生　減　省　一　分, 便　超　脫　一　分
사람인　날생　덜감　덜생　한일　나눌분　편할편　넘을초　벗을탈　한일　나눌분

굴뚝새의 깊은 숲 속 둥지도
하나의 가지면 충분하다

鷦鷯巢於深林不過一枝 『장자莊子』

옛날 요堯 임금이 허유許由라는 현자賢者에게 천하를 주려고 했을 때, 허유는 이 말을 인용하며 거절하였다.

"굴뚝새는 깊은 숲 속에 둥지를 틀지만, 단 하나의 나뭇가지면 충분합니다."

자신은 지금의 생활에 충분히 만족하고 있으니 왕의 자리는 사양한다는 뜻이다.

왕이 되면 필시 책임이 무거워져서 그로 인해 생명을 단축시킬 수도 있다. 허유가 왕이 되는 것보다 보통의 인간으로서 세상을 살아가고 싶어하는 것은 어쩌면 당연한 일일 수도 있다. 왜냐하면 모두가 왕이 되기 위해 다툰다면 사회는 지나친 경쟁으로 과열되어 숨조차 쉴 수 없게 될지도 모르기 때문이다.

왕의 자리에 오른다고 해서 반드시 평범한 인생을 사는 사람에 비해 더 행복하게 산다고 할 수는 없다. 아니, 오히려 평범한 사람이 인생을 보다 더 충실하게 살 수 있는 것일지도 모른다. 그렇다면 악착같이 살아야 할 이유가 어디에 있을까?

돈과 재산도 마찬가지다. 안심하고 노후생활을 보내기 위해 어느 정도는 저축해 둘 필요가 있다. 그러나 대부분의 사람들이 많으면 많을수록 좋다고 생각하고 있는데 과연 그럴까?

일전에 아는 변호사와 얘기하던 중에 "최근 들어 유산상속을 둘러싼 분쟁이 많은 듯한데 이 문제는 어떤가?" 하고 물었더니, "상속인이 둘 이상이면 거의 대부분 분쟁으로 이어집니다."라고 대답했다.

그렇다면 고생해서 재산을 모은 것이 결국에 가서는 자식들에게 분쟁의 불씨를 일으키는 원인을 제공한 셈이 아닌가! 이는 참으로 어리석은 일이 아닐 수 없다.

물론 저축한 재산이 한 푼도 없으면 어딘지 불안하다. 특히 나이가 들어 일을 할 수 없게 되었을 때 다른 사람에게 폐를 끼치지 않으려면, 일할 수 있을 때 얼마만큼은 저축해 둘 필요가 있다.

무일푼도 곤란하지만, 지나치게 재산이 많은 것도 꼭 좋은 것만은 아니다. 이상적인 형태를 말하자면, 자식들을 자립시킨 후 자신과 배우자가 살아가는 데 불편하지 않을 정도의 재산이면 충분하다고 본다. 그 이상을 바란다면 돈과 재산을 좇으며 사느라 인생을 망가뜨릴 우려가 있다.

『장자』는 이 점을 경고하고 있는 것이다.

鷦 鷯 巢 於 深 林 不 過 一 枝
뱁새초 굴뚝새료 집소 어조사어 깊을심 수풀림 아닐불 지날과 한일 가지지

생사生死는 운명에 달려 있고, 부귀富貴는 하늘에 달려 있다

死生有命, 富貴在天 『논어論語』

'운명[命]'도 '하늘[天]'도 다시 말하면 천명天命이다.

이 말은 우리가 세상에 태어나 살면서 장수를 할 수 있을지, 혜택 받은 삶을 살아갈 수 있을지 등이 모두 하늘의 뜻에 달려 있다는 의미다.

천명이란 하늘의 의지다. 우리 인간들에게는 아무리 노력을 하고 버둥거려 봐야 자신의 힘으로 어떻게 할 수 없는 부분이 있다. 인간의 능력의 한계를 넘어서 있는 것, 이것이 천명이다. 이 천명은 항상 우리의 인생을 따라다닌다고 말하는 이도 있다.

그러면 천명을 지각知覺하고 나면 어떤 삶이 가능할까? 천명을 깨달았을 경우에 좋은 점은 다음과 같다.

첫째, 싫어도 겸허해진다. 인간은 천명에 대해 무기력하다. 그러므로 인간의 힘으로 막을 수 없는 커다란 존재가 이 세상에 있다는 걸 알고 나면 스스로 머리를 숙이고 만다.

둘째, 역경에 처했을 때 불필요하게 아등바등하지 않고 견딜 수 있는 힘이 생긴다. 천명에 대해 깨닫고 나면, 힘든 상황에서도 '이것도 천명인가?' 하고 자신을 다독이면서 담담하게 운명을 받아들일 수가 있다.

허둥대는 행위는 악의 몸부림이다. 누군가 지나치게 허둥대고 있으면 이를 지켜보는 주위의 사람들까지 괴로울 뿐만 아니라, 사태를 더욱 악화시킬 가능성도 높다. 역경에 빠졌을 때 담담하게 대처할 수 있는 태도는 천명을 지각함으로써 가능해진다.

"할 일을 다한 후 천명을 기다린다."라고 하지 않았는가! 사회인으로서 주어진 임무를 충실히 수행하는 것은 당연한 일이다. 그런 연후에 천명에 의지할 부분이 있으면 하늘의 뜻을 기다리면 된다. 이 점을 확실히 기억해야만 한다.

공자도 "나이 쉰에 천명을 알았다[知天命]."라고 술회했지만, 누구나 나이가 들면 싫어도 천명과 같은 뜻을 의식하게 되어 있다. 이를 분명히 자각할 수 있다면 적어도 보기 흉하게 살지는 않을 것이다.

死　生　有　命,　富　貴　在　天
죽을사　날생　있을유　목숨명　가멸부　귀할귀　있을재　하늘천

내면과 외면의 조화를 이루어야 군자라 한다

文質彬彬, 然後君子 『논어論語』

'군자君子'란 훌륭한 인물이라는 뜻으로 '내면과 외면의 조화[文質彬彬]'를 이루는 것이 그 조건이라고 한다. '문文'이란 외면을, '질質'은 내면을, '빈빈彬彬'이란 양자의 조화를 이루는 상태를 말한다.

먼저 외면이란 용모, 태도, 행동, 자세, 걸음걸이 등을 가리킨다. 복장도 포함될 수 있겠지만 그다지 큰 비중을 차지하지는 않는다. 그보다는 "아! 좋다!" 또는 "산뜻하다." 하는 인상을 주는 것이 무엇보다 중요하다.

경제적으로 풍요로워질수록 외면은 오히려 이전보다 좋아 보이지 않는 경우가 많다. 생각해 보면 오히려 일찍이 가난했을 때가 훨씬 더 보기 좋은 얼굴과 자세를 유지하고 있었다. 나이가 들면서 등이 굽는 현상은 어쩔 수 없지만, 평소에는 등을 곧바로 편

자세를 유지하는 게 좋다. 곧은 자세는 보기에도 좋고, 자신의 건강에도 좋다.

그런데 요즘 젊은이들을 보면 키나 몸무게 등 신체조건은 좋아졌지만, 자세가 바르지 못한 모습들이 눈에 많이 띈다.

걸음걸이를 봐도 고개를 돌리고 싶은 모습들 천지다. 가령 중년 여성을 보면 매우 피곤해 보이는 인상을 주는 걸음걸이가 많다. 젊은 여성들 중에도 대퇴부로 걷는 사람들이 많은데, 그럴 경우 자세가 처지기 때문에 보기에 안 좋다. 걸음걸이는 되도록 가볍고 똑바로 걷는 것이 좋다.

이런 것까지 일일이 지적하는 이유는 부은 얼굴과 처진 자세에 볼품없는 걸음걸이로 걸으면 보는 이로 하여금 그 사람의 내면까지 의심하게 만들기 때문이다. 그런 오해를 받기 싫으면 우선 외면을 바르게 할 필요가 있다.

그러면 내면에는 어떤 요소들이 필요한가?

예를 들자면 끝이 없지만 여기서는 한 가지만 들어보겠다. 다름 아닌 식견이다. 식견이 없으면 외면이 아무리 말쑥해도 아무 소용이 없다.

굳이 군자를 예로 들지 않더라도 한 사람의 사회인으로 살아나가기 위해서는 '내면과 외면의 조화'를 이루기 위해 노력해야 한다. 그렇게 되면 어디를 가도 좋은 인상을 심어줄 수 있을 것이다.

文 質 彬 彬, 然 後 君 子

무늬 문　바탕 질　빛날 빈　빛날 빈　그러할 연　뒤 후　임금 군　아들 자

웅변은 어눌한 것과 같다

大辯如訥 『노자老子』

'대변여눌大辯如訥'이라는 말은 웅변雄辯은 눌변訥辯과 별 차이가 없다는 뜻이다. 눌변은 웅변에 못지않다고 해석해도 좋겠다. 요설饒舌의 역효과를 경계한 말이다.

요설이 왜 나쁜가? 몇 가지 이유를 들어보자.

첫째, 마구 떠드는 동안 전혀 설득력이 느껴지지 않는다. 아무리 말을 잘해도 그 이야기가 머리 위를 날아다닐 뿐 상대방의 마음을 사로잡지는 못한다. 따라서 진전은 없고 평행선을 달리다 보니, 함께 대화하고 싶은 생각이 사라지는 것이다.

왜 이런 현상이 나타날까? 이유는 간단하다. 발언에는 실행이 전제되어야 하고 타당한 이유가 있어야 하는데, 요설일수록 말만 앞세우기 때문에 실천과는 거리가 멀 수밖에 없다. 그래서 이야기에 설득력이 없어지는 것이다.

둘째, 요설인 만큼 자꾸 주장을 바꾸다 보니 결국에 가서는 이야기한 내용을 취소하는 사태가 종종 발생한다. 말을 잘하는 사람일수록 실언을 해서 자신의 발언을 취소하는 사태를 불러일으키는 경우가 종종 있다. 실언이 반복되면 리더로서 신뢰를 얻을 수가 없게 된다. 요설의 역효과라 할 수 있다.

"윤언綸言은 땀과 같다."(『예기禮記』)라는 유명한 말이 있다. '윤언'이란 리더의 발언이라는 뜻이니, 리더의 발언은 땀과 같다는 뜻이다. 땀이란 한번 몸에서 빠져나오면 두 번 다시 돌아갈 수가 없다. 리더의 발언도 이와 같아서 일단 입에서 나오면 취소할 수가 없다. 따라서 발언을 할 때는 여러모로 신중하게 고려해야 한다.

리더란 조직의 크고 작음에 상관없이 항상 무거운 책임을 지고 있으므로 경솔한 발언은 피해야 한다. 우리가 실패하기 쉬운 부분이 바로 이 경솔함에 있다. 술이라도 마시면 자기도 모르게 "알았어! 알았어! 어떻게 해보지!" 하고 쉽게 말해 버리는 경우가 종종 있다. 이는 리더로서 해서는 안 될 행동이다.

셋째, 요설은 사람을 가볍게 보이게 한다. 상대에게 잠시라도 경솔한 인상을 주면 신용에 문제가 생길 수 있다.

이처럼 요설에는 몇 가지 역효과가 있다. 눌변이 좋다고는 하지만, 주장해야 할 때 주저주저하며 제대로 의견을 피력하지 못하면 곤란하다. 사회인으로서 필요할 때 적절히 주장할 줄 아는 설득력 정도는 갖추고 있어야 하지만, 평상시의 발언은 신중하게 해야 한다.

大　辯　如　訥
큰 대　말 잘할 변　같을 여　말 더듬을 눌

세 명이 가면 반드시 그중에 스승이 있다

三人行必有我師焉 『논어論語』

자기계발은 일생의 과제다. 조금씩이라도 자기계발을 계속한 사람과 게을리한 사람의 차이는 금방 드러나지는 않지만, 장기적으로 보면 엄청나다.

자신을 갈고닦으려면 어떻게 해야 할까? 여기에 소개한 공자의 말을 참고해 보자.

세 사람이 길을 걸으면 그중에는 반드시 스승이 될 만한 사람이 있다. 그 선한 자를 보면 그에 따르고, 불선不善한 자를 보면 잘못을 고친다.

훌륭한 사람이 있으면 훌륭한 점을 배우고, 저속한 사람이 있으면 자신은 그렇게 해서는 안 된다는 것을 배워 반성하는 계기로 삼는다는 의미다. 이러한 마음가짐으로 생활하면 어디를 가도 자신을 갈고닦을 수가 있다.

학교에서 배우는 것만이 공부가 아니다. 학교에서 배우는 것은 극히 일부에 지나지 않는다. 진정한 인생의 공부는 학교를 졸업하고 사회에 나오면서부터다. 여기에는 책을 읽는 것도 도움이 되는데, 이때는 책의 종류나 질이 매우 중요하다. 또 바빠서 책 읽을 시간이 없다고 변명하는 사람들이 있는데 그건 핑계에 불과하다. 적어도 한 달에 두세 권 정도는 책을 읽는 습관을 들이도록 노력할 필요가 있다.

한편, 책을 읽는 것 외에 일하는 것 자체가 좋은 공부가 될 수가 있다. 경영의 노하우나 일의 핵심을 파악하기 위해서는 실전에서 고생하는 과정을 통해 경험을 쌓아나가는 방법밖에 없다.

또 한 가지, 사람과의 만남이다. 마음가짐 하나로 만나는 사람들에게 여러 가지를 배울 수가 있다. 공자는 사람과 만날 때는 될 수 있으면 훌륭한 인물과 만나는 것이 좋다고 했다. 인물됨이 훌륭하면 그 인물의 경해謦咳* 소리만 들어도 얻는 것이 많아진다는 것이다.

사람과의 만남은 자기 뜻대로 되는 것만은 아니다. 세상에는 지금까지 이렇다 할 인물과 만난 적이 없다고 말하는 사람이 있을 수도 있다. 그러나 저속한 사람을 보면 그의 나쁜 점을 보고 고친다는 말이 있지 않은가? 이러한 자세를 갖추기 위해 노력하는 것이 중요하다.

경해: 인기척으로 내는 헛기침.

三　人　行　必　有　我　師　焉
석 삼　사람 인　갈 행　반드시 필　있을 유　나 아　스승 사　어찌 언

다른 사람이 나를 위해
선함을 믿지 말라

不恃人之爲吾善也 『한비자韓非子』

　　흔히들 성선설性善說과 성악설性惡說, 이 두 가지 기준으로 사람을 보는 경우가 많다. 성선설에서는 인간의 본성은 원래가 선하기 때문에 선한 성질을 키우면 되고, 특별히 관리하거나 감시를 강화할 필요는 없다고 말한다. 이는 인간을 신뢰하는 입장이며, 낙관적인 인간관이라 해도 좋겠다.

　　반면, 성악설은 인간은 본래 악하게 타고난다고 전제한다. 그래서 엄격하게 관리하지 않으면 터무니없는 일이 일어나므로, 인간관계도 나름대로의 경계심을 갖고 대처하지 않으면 안 좋은 일에 걸려들거나 속임수에 빠지는 불행한 사태를 초래한다고 경고하고 있다.

　　어찌 보면 성선설의 입장에서 모든 일이 순조로울 때가 가장 바람직한 형태라 할 수 있다. 하지만 현실은 치열하기 때문에 성선설의 입장에서 대응하는 것만으로는 어려운 측면이 있다. 서로 속고 속이는 사건들이 줄을 잇고 있는 현실에서 당하고 난 뒤에 후회해도 이미 때는 늦는다.

또한 오늘날은 비즈니스도 국제적으로 행해지고 있다. 그런데 미국이나 유럽, 중국 등 대부분의 나라들이 성악설에 근거한 관리를 하고 있다. 이들과 비즈니스를 하기 위해서는 성악설에 기초를 두고 대응하는 방법 정도는 익히고 있어야 한다.

중국 고전 중에서 오로지 성악설의 입장에서 인간을 보고 대처하는 방법을 기록한 책이 『한비자』다. 비즈니스를 하려고 하는 사람이라면 이 책 정도는 읽어야 면목이 선다고 할 수 있다.

『한비자』에서는 인간의 선함에 기대를 걸지 말라고 한다. 이것이 바로 한비자 인간학의 전제이다.

이 전제에 따르면 내가 좋은 뜻을 가지고 있다고 해서 상대방도 선의로 받아들여 줄지는 의문이라고 할 수 있다. 인간을 보는 또 하나의 시각으로 받아들일 수도 있을 것이다.

不　恃　人　之　爲　吾　善　也
아닐불　믿을시　사람인　갈지　할위　나오　착할선　어조사야

즐거움이 지나치면 안 된다

樂不可極 『예기禮記』

예전 세대의 사람들은 가난에서 벗어나기 위해 앞만 보고 열심히 일했다. 덕분에 경제성장을 이루긴 했지만, 일에만 지나치게 매달린 감이 없지 않다. 그래서인지 최근에는 "즐겨라! 즐겨라!" 하는 소리가 자주 들려온다. 즐거움 없이 어떻게 인생이라 할 수 있겠나? 즐길 때는 아무 생각 없이 즐기면 그만이다.

그러나 요즘처럼 지나치게 놀이와 즐거움만 강조한다면 이것 역시 문제다.

우선 놀고 즐기는 일에만 정신이 팔리다 보면 자신의 인생에서 중요한 부분이라 할 수 있는 생활 계획을 세우는 데 소홀해지므로 결국에는 파산 지경에 이를 수도 있다. 또한 놀이와 즐거움이 지나칠 경우 시간이 흐를수록 즐거움이 고통으로 변하고 모처럼의 즐거움이 그 의미를 상실해 버릴 가능성이 높아진다.

중국 고전을 보면 즐거움이 지나치면 안 된다고 경계하고 있다. 모든 일에는 균형이 중요하다. 일만 하고 즐거움은 없는 인생이라면 당연히 재미가 없다. 그렇다고 해서 즐거움만이 사는 보람의 전부라고 생각한다면 이 또한 바람직한 인생이라고 말할 수 없다. 가능하면 이 둘을 적절히 조화시켜 일이 있으면서 즐거움이 있고, 즐거움이 있으면서 일이 있어야 이상적이라 할 수 있다.

선인들이 인생의 지침서라고 말하는 『채근담』에서도 다음과 같이 말하고 있다.

천지는 영원하지만 인생은 두 번 오지 않는다. 삶은 기껏해야 백년. "아차!" 하는 순간에 지나가 버린다. 운 좋게 세상에 나왔으니 인생을 즐겨야 할 뿐만 아니라 허무하게 보내지 말아야 한다.

그러나 자신의 즐거움만 추구하면 의미 있는 인생을 살 수가 없다. 즐거움을 찾으면서 동시에 일을 통해 사회에 공헌하는 일도 잊으면 안 된다. 이 두 가지가 조화를 이룰 때 자신의 인생에 후회가 없다고 말할 수 있지 않겠는가!

樂　不　可　極
즐길락　아닐불　가할가　다할극

제4부

상황에
대처하는 지혜

● 창업과 수성 ●

창업創業과 수성守成,
어느 것이 어려운가

創業與守成孰難 『정관정요貞觀政要』

지금 모든 업계에서 세대교체가 진행 중이다. 물려받은 기업의 운명은 차세대의 양 어깨에 달려 있다. 이러한 변화의 시대에 지도자는 어려움이 많다. 이럴 때 참고가 될 만한 고전이 바로 『정관정요』이다.

당唐의 2대 왕은 태종太宗 이세민李世民이다. 그는 건국에서 수성으로 가는 시대의 리더로서 왕조의 틀을 굳건히 한 명군이었다. 그의 치적을 정리한 책이 『정관정요』인데, 태종이 나라를 위해 노력한 흔적이 낱낱이 기록되어 있으며, 현대에도 참고가 될 만한 내용이 많다.

이 책은 예부터 제왕학의 원전이라 손꼽히며 왕들에게 널리 읽혔다. 그중 특히 유명한 이야기가 있다.

어느 날 태종이 중신들을 모아놓고 "제왕에게 있어 건국과 수성 중에 어느 것이 더 어려운가?" 하고 의견을 물었다. 창업이란 건국과 같고, 수성이란 지키는 것으로 나라의 경영을 뜻한다. 이 같은 질문에 먼저 방현령房玄齡이라는 제상이 "건국이 더 어렵사옵니다."라고 대답했다. 이와는 달리 위징魏徵이라는 중신이 "아닙니다. 수성이 훨씬 더 어렵사옵니다."라고 반론을 제기했다.

두 사람의 이야기를 귀담아 들은 태종이 결말을 지었다.

"그대들의 뜻은 잘 알았다. 방현령은 오래 전 나를 좇아 천하를 평정하고 물리치면서 어려움을 극복하고 구사일생으로 오늘에 이르렀다. 그대에게 있어서 건국이 어려운 것은 당연한 이치다. 한편 위징은 나를 도와 천하를 안정시키며 조금이라도 마음을 놓으면 나라가 망할 수도 있다는 걱정 속에 근심의 날들을 보냈다. 그러니 수성이야말로 어려운 일이 아닐 수 없다.

생각해 보면 건국의 어려움은 이미 오랜 과거의 이야기가 되었다. 이제부터는 모두가 합심해서 수성을 위해 부단히 노력해야 한다."

태종은 재위 24년 동안 항상 이러한 각오로 통치함으로써 당 왕조 300년의 기초를 쌓았다. 생각해 보면 건국도 어렵지만 수성도 쉬운 일이 아니다. 단지 그 내용이 다를 뿐이다.

경영이 궤도에 오르면 누구라도 마음이 풀어져 생각지 못한 함정에 빠질 수 있다. 함정에 빠지지 않으려면 항상 초심으로 돌아가 긴장감을 늦추지 말아야 한다.

－－－◆－－－

創　業　與　守　成　孰　難
비롯할창　업업　더불여　지킬수　이룰성　어느숙　어려울난

문제를 쉽게 해결하는 사람은
일어나지 않은 일까지 염두에 둔다

善除患者理於未生 『육도六韜』

첫 단추를 잘못 끼우면 처음부터 문제가 뒤틀어지기 시작해서 결국에는 벽에 부딪쳐 움직일 수조차 없게 된다. 그 지경에 이르면 아무리 지혜가 뛰어난 사람이 나와도 해결하기가 쉽지 않다. 그렇게 안 되려면 일이 틀어지기 전에 손을 써야 할 필요가 있다. 이를 조금 더 구체적으로 살펴보면 다음의 두 가지를 생각할 수 있다.

1. 일을 착수하기 전에 예상되는 문제점을 일일이 검토한다. 문제가 발생하지 않도록 물밑 접촉도 염두에 두고 행한다.

2. 아무리 신중하게 진행시켜도 반드시 문제는 발생하게 되어 있다. 문제가 생기면 일이 얽히기 전에 해결하여 초기에 진화한다.

이 두 가지를 마음에 새겨두면 나중에 허둥지둥하거나 중요한 일을 단념하게 되는 일도 줄어들 것이다.

병법서인 『육도六韜』에서는 바로 이 상황과 어울리는 교훈을 담고 있다.

문제를 잘 해결하는 사람은 아직 일어나지 않은 일까지도 염두에 둔다.

이렇게 하면 아무리 어려운 일이라도 손쉽게 처리할 수가 있다. 그러기 위해서는 우선 깊이 읽어낼 줄 아는 통찰력이 필요하다. 문제를 잘 해결하는 능력은 평소에 키워놓아야 하는데 이것만으로는 부족하다. 대부분의 경우 문제를 일으키는 원인은 사람의 집념과 원한이다. 이에 대처하기 위해서는 사람의 심리와 인정의 미묘함을 읽어내는 힘이 필요하다. 이러한 것들이 축적되어 있어야 비로소 '아직 일어나지 않은 일까지도 염두에 두는' 것이 가능해진다.

善　除　患　者　理　於　未　生
잘할 선　덜 제　근심 환　놈 자　다스릴 리　어조사 어　아닐 미　날 생

성인도 촌음을 아끼는데, 범인은 마땅히 분음을 아껴야 한다

大禹聖人乃惜寸陰, 衆人當惜分陰 『십팔사략十八史略』

"우禹왕은 성인이면서 촌음*을 아껴 일에 전념했다. 하물며 범인들은 말해 무엇 하겠는가?"

동진東晉 시대의 명장 도강陶侃이 한 말이다.

우는 전설적인 인물로 장강長江과 황하黃河의 치수사업에 뛰어난 업적을 남긴 임금이다. 그는 매우 열심히 일하였는데 그 모습이 지극히 맹렬할 정도였다고 한다. 몸은 천자의 위치에 있으나 항상 솔선하여 걸망을 메고 삽을 들었기 때문에, 거친 다리에는 정강이 털도 없어지고 머리는 비바람에 언제나 덥수룩하였다. 도강은 이러한 우왕의 자세를 본받으라고 말하고 있다.

도강 역시 열심히 일하는 사람이었다. 그는 하루 종일 앉을 틈 없이 직무를 보고 그날의 일을 다음날로 미룬 적이 없었다. 도강은 광주廣州의 장관으로 좌천되자 매일 아침 커다란 기와를 집 밖으로 옮긴 후 저녁에는 다시 기와를 집 안으로 들여놓는 것이 그의 일과였다. 사람들이 "왜 그런 일을 합니까?" 하고 물으면 "언젠가는 다시 일선에 서야만 한다. 그날을 위해 고통에 견디는 훈련을 하지 않으면 안 된다."라고 대답했다고 한다.

도강 자신이 이 정도로 열심이었으니, 부하가 술과 노름으로 일을 게을리하면 술그릇과 도박 도구를 모두 모아 강에 버린 후 "노름 같은 건 돼지 먹이로나 줘버려라." 하면서 크게 꾸짖었다고 한다.

어찌 보면 약간 지나친 감이 있지만, 도강의 입장에서는 일은 뒷전이고 노는 데만 넋을 잃은 부하들의 모습이 한심하기 그지없었다.

또한 도강은 선물을 받으면 반드시 그 이유를 묻고, 정성이 들어간 물건은 아무리 작아도 기쁘게 받았으며, 후에 그 몇 배로 되돌려 주었다. 그러나 이유가 석연치 않으면 엄하게 꾸짖은 다음 물건을 되돌려 주었다. 정부 관리로서 이치에 맞는 행동을 보여준 것이다.

지금은 "쉬어라, 쉬어라." 하는 시대다. 분음**을 아끼라고 하는 소리는 옛날 이야기에 지나지 않는다고 말하는 사람이 있을 수도 있다. 과연 그럴까? 책임이 없는 사람이라면 그렇게 해도 좋을지 모르겠지만, 조직을 이끌어나가는 리더가 그런 식으로 행동한다면 머지않아 조직은 와해되고 말 것이다.

　물론 쉴 때는 아예 푹 쉬는 게 좋다. 하지만 해야 할 때는 시간을 아껴 열심히 일하라. 지도자는 어느 시대를 막론하고 열심히 일해야 한다.

촌음寸陰: 매우 짧은 동안의 시간.　분음分陰: 촌음보다 더 짧은 시간.

大 禹 聖 人 乃 惜 寸 陰,
큰 대　우임금 우　성스러울 성　사람 인　이에 내　아낄 석　마디 촌　응달 음

衆 人 當 惜 分 陰
무리 중　사람 인　마땅 당　아낄 석　나눌 분　응달 음

위험을 보고 능히 멈춰야만 비로소 안다고 할 수 있다

見險而能止, 知矣哉 『역경易經』

위험하다고 생각하면 일단 멈춰야 한다. 마치 멧돼지처럼 "이 것도 가고, 저것도 가자." 식으로 무턱대고 돌진하는 어리석은 짓은 하지 말아야 한다. '지자知者'는 이러한 자세로 살아야 한다.

그러면 위험 앞에서 멈춘 다음에 어떻게 해야 하는가? 말할 필요도 없이 우선 정황 판단부터 한 다음 그 판단에 기초해서 행동해야 하는데, 이때 다음의 세 가지를 생각할 수 있다.

1. 위험이 적어졌다고 판단하면 어느 정도 위험을 각오하고 전진한다. 이러한 경우 불행하게도 위험이 현실적으로 존재할 수 있기 때문에 최악의 사태에 대비해서 그에 따른 대책을 준비해 둘 필요가 있다.

2. 정황을 읽을 수 없을 경우에는 나아가고 물러서는 것이 모

두 가능한 태세를 취하고, 어느 정도 그 자리에 머물러 움직임을 관찰한다.

3. 위험이 많다고 생각되면 재빨리 뒤로 물러나 전력을 보존하고 다음 기회를 노린다.

위험한 상황에서 멈추는 이유는 이러한 대책들을 검토하기 위해서다.

여기서 한 가지 흥미로운 사실은 '지知'의 내용을 가리키고 있는 부분이다. 험한 세상을 살아가는 데 필요한 요소인 '지'란 무엇인가? 『역경』에 따르면 위험을 알아차리는 통찰력과 알고 난 후에 적절하게 대응하는 능력을 말한다. 이 두 가지를 아우른 것이 '지'라고 할 수 있다.

현대와 같이 극심한 변화의 시대에 살아남기 위해서는 앞으로 나아갈 때와 멈출 때를 알아야 한다. 또한 그러는 한편 과감하게 후퇴할 줄 아는 지혜도 필요하다. '지'가 이 열쇠를 쥐고 있으므로, '지'를 키우는 노력을 게을리하면 어려운 현실을 극복할 수가 없다. 물론 '지'를 이해한다고 해도 행동으로 옮기는 일은 어렵다. 여기에는 그에 따르는 노력이 필요하다.

앞으로 나아가는 것은 좋다. 그러나 무조건 앞으로만 내닫는 모습이 능사는 아니다. 위험을 느끼면 적신호가 켜지기 전에 브레

이크를 걸어야 한다. 진정한 '지자'야말로 이러한 능력의 소유자다.

見　險　而　能　止,　知　矣　哉
볼견　험할험　말이을이　능할능　멈출지　알지　어조사의　어조사재

하늘이 내리는 불행은 피해도
스스로 만드는 불행은 피할 수 없다
天作孼猶可違, 自作孼不可逭 『서경書經』

　　하늘이 내리는 불행은 피할 수 있어도 스스로 만드는 불행은 피할 수가 없다.

　　이는 은殷 왕조의 왕이었던 태갑太甲이 스스로 경계한 말이라고 한다.

　　일반적으로 하늘이 내리는 불행을 천재天災라고 하여 불가항력적인 재앙으로 보는데, 위에서 말한 바에 따르면 천재는 피할 수 있어도 스스로 만든 불행은 피할 수 없다고 한다.

　　불행의 원인은 무엇일까? 어떻게 생겨나는 것일까? 태갑은 다음과 같이 말하고 있다.

　　덕德에 밝지 않아 스스로 잘못을 저지르고, 욕망은 정도를 넘어서고, 그릇된 행동은 예를 벗어나 죄를 짓고는 스스로 구속한다.

태갑은 여기서 4가지를 들고 있는데, 살펴보면 다음과 같다.

1. 덕은 모르는 채 쌓으려는 노력을 게을리한다.

'덕은 사업의 근본'이라는 구절은 『채근담』에 나오는 유명한 말이다. 사업 발전의 기초는 경영자가 갖추고 있는 덕이라는 의미다. 반대로 덕이 없는 경영자는 일시적으로 번창한다 해도 오래가지 못한다. 『서경』에서 말하는 내용도 이와 같은 사상이다.

2. 착하게 살지 않고 인간으로서 가야 할 정도를 벗어난다.

이 세상을 살아가는 데는 해서 좋은 일과 하면 나쁜 일에 대한 경계가 있다. 경계를 벗어나면 설사 법률의 처벌을 받지 않는다 해도 세상의 비난을 받게 된다. 비난받을 짓만 하다 보면 사람들의 미움을 사고 자신을 증오하게 되어 스스로 망치는 결과를 낳는다.

3. 욕망이 시키는 대로 달려나가 넘어서는 안 될 한도를 넘어선다.

'욕망[欲]'이 있음으로써 세상이 굴러가고 사회도 발전할 수 있다. 그러나 모든 사람들이 '욕망'이 시키는 대로 행동한다면 어떻게 될까? 사회는 혼돈에 빠지고 결국에 가서는 서로 원망하게 될 것이다. 주위의 원망을 사게 되면 언제 어디가 됐든 반드시 치러야 할 대가를 각오해야 한다.

4. 엉터리 같은 행동거지로 예를 벗어난다.

'예禮'는 인간관계에서 마땅히 지켜야 할 선이다. 윗사람에게는 그 나름의 봉사방법이 있고, 동료나 부하에게도 나름대로 대하는 방식이 있다. 이를 무시하면 버릇없는 사람으로 낙인 찍혀 주위의 반감을 살 수 있다. 결국 스스로 자기 무덤을 파는 꼴이 되는 것이다.

天　作　孼　猶　可　違,
하늘 천　지을 작　높을 얼　오히려 유　옳을 가　어길 위

自　作　孼　不　可　逭
스스로 자　지을 작　높을 얼　아닐 불　옳을 가　피할 환

앞에서는 따르고,
뒤에서는 불평한다

無面從退有後言 『서경書經』

마주하고 있을 때는 "예, 예." 하면서 상대방에게 맞춰주는 척하다가 뒤에 가서는 이러쿵저러쿵 불만을 터뜨리거나 비판을 하지 말라는 뜻이다. 이는 옛날 순舜이라는 성인聖人이 후계자 우禹에게 훈계한 말로, 여기에서 '면종후언面從後言'이라는 4자성어가 생겨났다고 한다.

주변을 보면 '면종후언'하는 사람들이 많은 것 같다. 사회란 인간관계에 중점을 두고 조직의 화합을 우선시하는 경우가 많다. 이는 좋은 점이다. 그러나 장점은 뒤집으면 곧 단점이 된다. 관계에 중점을 두어 화합을 우선하다 보면 당사자 앞에서는 상대가 말하는 내용에 반대하기가 쉽지 않다. 쉽게 납득할 수 없는 경우에도 분위기에 이끌려 자신도 모르게 맞장구를 치게 되는 것이다.

정말로 납득해서 긍정한 대답이 아니기 때문에, 상대가 자리를 뜨고 나면 제3자에게 이것저것 불평을 쏟아놓고 싶어진다. 술이라도 마시는 날이면 더욱 열을 올려 불평을 쏟아놓는다. 보통의 세상 사는 이야기라면 애교로 봐줄 수도 있겠지만, 일과 관련되면 골치가 아파진다.

가령 상사가 어떤 일을 지시한 경우에 상사 앞에서는 "예."라고 대답해 놓고 나중에 가서 불만을 토로하는 경우가 많다. 이런 유형의 사람이 많을수록 머지않아 조직 전체의 사기가 떨어지게 된다. 상사와 의견이 다르면 다르다고 말하면 그만이다. 납득할 수 없으면 납득할 수 있을 때까지 질문해서 이해하려고 노력하면 된다.

막상 그렇게 하기가 힘들 수도 있겠지만, 그런 경우라 해도 일단 '면종面從'했으면 '후언後言'하는 짓은 안 하는 것이 좋다.

'후언'이란 아무리 "이것은 비밀이다."라고 속삭여도 얘기가 돌고 돌아 결국 상대의 귀에 들어가게 되는 것을 말한다. 그렇게 되면 그것을 전해 듣는 상대방 역시 기분 좋을 리가 없다. 언젠가 그 불똥이 튀어 되돌아오거나, 설사 그러지 않는다 해도 상대방의 신뢰를 잃게 되는 것이다.

조직에 몸을 담고 있으면 어느 정도 '면종'은 어쩔 수 없는 경우도 있다. 그러나 여기에 '후언'이 덧붙여지면 결코 좋지 않다. '면종후언'을 하지 않는 것은 신뢰받는 사회인의 요건 중 하나라 할 수 있다.

無　面　從　退　有　後　言

없을무　낯면　좇을종　물러날퇴　있을유　뒤후　말씀언

세상을 사는 데는 단지
서恕 하나의 글자가 필요하다

處世只一恕字 『신음어呻吟語』

이 세상을 살아나가기 위해 필요한 것이 '서恕'라는 하나의 글자라니, '서'란 무엇이란 말인가?

『신음어』는 다음과 같이 덧붙이고 있다.

'서'란 자신이 하기 싫은 일은 다른 사람에게도 시키지 않으며, 다른 사람의 것이라도 내 것처럼 소중히 생각하는 마음을 말한다.

즉, '서'란 상대방의 기분과 입장에서 생각해 주는 '배려'라고 할 수 있다. 이것이 결여되면 인간관계가 메말라 인간미 없는 사회가 되어버린다. '인간성 부재의 시대'라고 말하는 오늘날이야말로 '서'의 정신이 필요하다.

사람을 고용할 때를 보자.

사람을 써놓고 싸게 혹사시키려 들면 이는 '서'의 정신에 반대된다. 이런 마음을 조금이라도 상대에게 내비치고 나면 사람들이 찾아오지 않을 뿐만 아니라 부하에게도 외면당한다. 사람을 쓸 때는 상대방을 배려해야 한다. 이것이 '서'의 정신이다.

한편, 상대방의 기분과 입장에서 배려해 주더라도 '상대방을 위해서'라고 생각하는 것 자체가 오히려 반발을 불러일으키는 경우가 종종 있다. 특히 부모 자식 사이에서 이런 경우가 자주 눈에 띄는데, 바람직한 일은 아니다.

이런 경우 대개는 선의를 강요하는 경우가 대부분이다. 다시 말해서 불필요하게 간섭하는 것인데, 간섭은 반발만 살 뿐 모처럼의 배려가 소용없어지는 것이다. 이 점이 '서'의 미묘한 부분이라 할 수 있다.

그렇다면 불필요한 간섭을 피하려면 어떻게 해야 할까?

우선 상대방의 기분을 제대로 읽어낼 줄 알아야 한다. 상대방이 싫어한다는 것을 파악하고 나면 무리해서 강요할 수가 없다. 꼭 이야기하고 싶다면 적당한 때에 주의를 주면 된다. 결국 유연한 자세가 필요하다는 뜻이다.

『신음어』에서는 '서'란 자신이 하기 싫은 일은 다른 사람에게도 시켜선 안 된다고 말한 후 다음과 같이 덧붙이고 있다.

그것만으로는 충분치 않다. 자신이 하고 싶은 일이라도 사람에

따라 하고 싶지 않은 일도 있다. 이 점을 이해하고 나면 더할 나위

없는 인생의 묘미가 살아날 것이다.

處　世　只　一　恕　字
살 처　　세상 세　　다만 지　　한 일　　용서할 서　　글자 자

● 지족의 교훈 ●

족함을 알면 모욕을 받지 않고, 멈춤을 알면 위험하지 않다

知足不辱 知止不殆 『노자老子』

족함을 알면 모욕을 받지 않고, 멈출 줄 알면 위험이 없다.

『노자』의 명언으로, 특히 이를 두고 '지족止足의 교훈'이라 한다. 노자는 이 교훈을 새겨 지키고 살면 번영을 지속시킬 수 있다고 말한다.

맞는 말이다. 『노자』가 경계하는 것은 자신의 이익만 추구하는 삶의 방식이다. 이러한 삶의 방식을 경계하는 이유는 자신의 이익을 추구하기 위해 타인의 이익을 강탈할 수도 있기 때문이다.

따라서 자기에게만 좋은 일이 있기를 바라거나 자기의 이익만 추구하려 들면 반드시 반발을 살 수밖에 없다. 그 결과 일시적으로는 좋을지 몰라도 그러한 상태를 오래 지속할 수는 없는 것이다. 노자는 이 점을 경계하고 있다.

기업이 이윤을 내지 못하면 경영이 어려워지고, 심하면 파탄 지경에 이르게 된다. 그러나 주위 사람들로부터 미움을 받거나 증오의 대상이 되는 이익 추구는 오래가지 못한다. 모두가 즐거워할 수 있는 이익 추구가 바람직한 것이다.

이를 위해서는 무엇보다 자신과 타인의 이익이 조화를 이룰 수 있게 해야 한다. 혼자만 이기거나 혼자서만 차지하려는 방식은 칭찬할 만한 일이 못 된다. 계속 이겼을 경우 다음번에는 상대에게 승리를 양보해 주는 여유도 필요한 것이다.

자기만 가지려 들면 친구도 생기지 않을 뿐더러 있는 친구마저 잃어버리게 된다. '상부상조'라는 말처럼 이익의 일부는 의식적으로 나누어 주는 배려가 필요하다. 현대인들은 갈수록 이러한 정신에서 멀어지고 있다.

국가 간의 무역마찰만 봐도 그렇다. 돈을 벌기 위해 수출만 중요하게 여긴다면 필연적으로 피해를 입는 주변국이 나오게 마련이다. 그 결과 미움을 사서 마치 뭇매를 맞듯 저항이 따르게 되어 있다.

알지만 멈출 수가 없다고 한다면 이는 현명한 처사가 아니다. 오래도록 수지를 맞추기 위해서도 지족의 교훈을 새겨두어야 하겠다.

知 足 不 辱, 知 止 不 殆

알 지　족할 족　아닐 불　욕되게 할 욕　알 지　멈출 지　아닐 불　위태할 태

위로는 하늘을 원망하지 말고, 아래로는 사람을 비난하지 말라

上不怨天 下不尤人 『중용中庸』

누군가 "당신은 신을 믿습니까?"라고 묻는다면 대답하기가 어렵다. 어렸을 때라면 아마도 "안 믿어요."라고 대답했을지 모르지만 지금은 조금 다르다.

옛사람들에게 신에 해당하는 존재가 바로 '하늘[天]'이다. 옛사람들은 이 '하늘'을 마음의 호신부護身符 삼아 살아왔다. 그 하늘을 원망하고 싶을 때가 바로 역경에 처한 경우다. 역경에 처하면 '신은 존재하지 않는단 말인가?', '하느님도 무심하시지.' 하는 생각이 들 수가 있다. 또 자신의 책임은 뒤로하고 다른 사람의 탓이라고 생각할 수도 있다.

하지만 『중용』은 이러한 태도는 올바른 대처 방법이 아니라고 가르치고 있다.

여기서 생각할 수 있는 방법이 공자의 삶의 방식이다.

만년에 공자가 "아아! 나를 이해해 주는 이가 없구나!" 하고 한탄
하자

자공子貢이라는 제자가 "어째서 한탄을 하십니까? 결코 그렇지 않
습니다." 하고 위로하였다. 이에 공자가 말했다.

"하늘을 원망하지 않고 사람을 비난하지 않았다. 공부해서 발전
을 꾀했다. 나를 알아주는 이는 하늘뿐인가!"

공자의 말을 풀어보면 "나는 하늘을 원망하지도 않았고, 다른
사람을 비난하지도 않았다. 일상의 문제에서 출발해 스스로 향상
시키기 위해 노력해 왔다. 그런데 이제 와서 보니 그런 나를 이해
해 주는 이는 하늘뿐이라는 생각이 든다."라는 의미다.

공자는 만년에 자신에게 남은 정열을 정치개혁에 쏟아 부었
다. 그러나 그의 정치생활은 불우했고 역경의 연속이었다. 하지만
힘든 과정에도 공자는 마지막까지 뜻을 버리지 않고 앞날을 향해
도전하는 정신으로 살았다. 그런 공자를 지탱해 준 정신이 "하늘
을 원망하지 않고 사람을 비난하지 않는다."라는 사상이다.

역경은 누구에게나 있다. 역경에 처했을 때 다른 사람들이나
하늘에 책임을 전가한다면 언제까지나 돌파구를 찾을 수가 없다.

서두르지 말고, 소란 떨지 말고, 어디까지나 자신의 책임으로 여기고 탈출을 시도해 볼 일이다.

上　不　怨　天，下　不　尤　人
위 상　아닐 불　원망할 원　하늘 천　아래 하　아닐 불　탓할 우　사람 인

하늘을 우러러 부끄럽지 않고,
엎드려 인간에게 욕되지 않다

仰不愧於天, 俯不怍於人 『맹자孟子』

사람이 즐거움만 맹목적으로 추구하다 보면 즐거움이 즐거움다움을 잃을 수 있다. 어떻게 보면 일이 있을 때 즐거움이 살아날 수가 있다. 그러나 반대로 일벌레가 되어서도 곤란하다. 일도 열심히 하지만 열심히 즐기는 것 또한 중요하다. 이 두 가지가 조화로울 때 충실한 인생이라 할 수 있다.

문제는 즐거움의 내용인데, 몸만 즐겁고 마음이 즐겁지 못하면 진정한 즐거움이라고 말할 수 없다. 마음의 즐거움에도 여러 가지가 있을 터인데, 그렇다면 어떤 즐거움이 바람직한가? 『맹자』에 따르면 다음과 같다.

군자에게는 세 가지 즐거움이 있는데, 부모가 모두 살아 계시고 형제들이 무사한 것이 그 하나요, 하늘을 우러러 부끄러움이 없고 엎드려 인간에게 욕되지 않음이 그 둘이요, 천하의 영재를 얻어 가르치는 즐거움이 그 셋이다.

이를 정리하면 부모가 건강하고 형제가 무탈하며, 위로는 하늘에 부끄러움이 없고 아래로는 인간에게 욕되지 않을 것이며, 영재를 얻어 이를 육성하는 것, 이 세 가지가 군자의 즐거움이라 했다. 보통 즐거움이라고 하면 맛있는 음식을 먹는 일이나 운동, 여행 등을 생각하기가 쉽다. 물론 이런 것들도 즐거울 수 있다. 하지만 맹자가 말하는 즐거움은 일반적인 즐거움들과는 매우 거리가 멀다. 즐기는 방법에도 그 사람의 의지가 담겨 있다고 생각하기 때문이다.

이 세 가지 즐거움 중에 특히 주목할 만한 점은 하늘을 우러러 부끄러움이 없고 엎드려 인간에게 욕되지 않는다는 것이다. 어떻게 이런 일이 가능할까? 두말할 필요 없이 자신의 양심에 충실하기 때문이다. 따라서 언제나 마음에 그림자가 없고 청명함을 유지할 수 있다. 이것이 '즐거움'에 연결되었기 때문이다.

이익을 우선으로 생각하는 오늘날, 누구나 유혹에 노출되어 살아가고 있다. 특히 중요한 위치에 있는 관리자일수록 유혹을 받을 기회가 많아진다. 그런 상황에서 '하늘에 부끄럽지 않고 인간에게 욕되지 않는' 정신을 실천하기란 쉽지 않은 일이다. 의지를 강하게 하고 제대로 방어하지 않으면 유혹에 질 수가 있다. 누구나 그러한 상황에 처하면 똑같은 실수를 저지를 수 있다. 그렇게 되

면 즐거움은 고사하고 인생이 엉망이 될 염려가 있으므로 조심해
야 한다.

仰　不　愧　於　天,　俯　不　怍　於　人

우러를 앙　아닐 불　부끄러워할 괴　어조사 어　하늘 천　구부릴 부　아닐 불　부끄러워할 작　어조사 어　사람 인

사람은 스스로 풍족함에
그칠 줄을 모르면 망한다

人不能自止於足而亡 『한비자韓非子』

사람이 실패하거나 자멸自滅하는 이유는 풍족함과 그침을 모르기 때문인데, 종종 이런 경우가 있다.

『손자孫子』는 싸움에서 기세를 중요시한다. 조직 전체가 기세를 타면 하나로도 셋, 넷의 힘을 발휘할 수가 있다. 기업도 마찬가지다. 사기가 떨어진 기업은 사내의 분위기가 어둡고 그에 따라 성과도 좋지 않다. 반대로 사원의 얼굴에 생기가 넘치는 기업은 그에 따라 성과도 함께 올라간다. 당연한 결과다. 그만큼 기세를 타고 싸우기 때문이다.

일도 흐름을 탄다. 흐름을 잘 타면 일을 유리하게 진행시킬 수가 있다. 반면, 흐름에 역행하면 아무리 발버둥을 쳐도 효과가 없다. 따라서 흐름을 잘 타는 일은 무엇보다 중요하다.

경영도 마찬가지다. 경영 환경이 좋을 때는 평범한 경영자라도 이익을 올릴 수 있다. 그러나 한번 환경이 나빠지기 시작하면 유능한 경영자라도 고전을 면치 못한다.

결국 어떤 싸움이든 사기가 올라 흐름을 타는 쪽이 압도적으로 유리한 것이다. 문제는 그 다음이다. 지나치면 부족한 것만 못하다는 말처럼, 무엇이든 지나치면 역효과가 나타나게 되어 있다. 이 문제도 같은 맥락인데, 흐름을 지나치게 잘 타도 종종 발을 헛디딜 수가 있다.

이를 피하려면 항상 '풍족함을 알고 나면 그칠 줄 아는 정신'을 마음에 새기고 있어야 한다. 『한비자』도 이 점을 경계하고 있다. 그러나 머리로는 이해가 가지만 실천하려면 이것처럼 어려운 일이 없다.

경영을 할 때 별로 수고하지 않아도 이익을 보는 경우가 있는데, 흐름을 확실하게 탄 경우다. 그런데 이 흐름을 타기 시작하면 대부분의 사람들이 규모의 확장에 대해 생각한다. 여기까지는 좋다. 그러나 좋은 흐름이 언제까지나 계속된다는 보장은 그 어디에도 없는 것이다. 흐름에도 하강곡선을 그릴 때가 반드시 있다. 이를 염두에 두고 언제 어디서 멈출지를 신중하게 고려할 필요가 있다. 그렇지 않으면 확장이 오히려 자멸을 초래하는 원인이 되고 말 것이다.

한편, 흐름을 탔다고 생각하면 "하자! 하자!" 하는 활기찬 분위기 때문에 기분이 들뜨는 사람들이 있다. 가령 지금까지 멀쩡히 타고 다니던 소형차를 갑자기 대형의 고급차로 바꾸는 행위 등은

바람직하지 못하다. 흐름을 타더라도 지나치지 않도록 항상 주의
해야 한다.

人 不 能 自 止 於 足 而 亡
사람인 아닐불 능할능 스스로자 그칠지 어조사어 족할족 말이을이 망할망

화禍 속에 복福이 있고, 복福 속에 화禍가 있다

禍福之所倚, 福禍之所伏 『노자老子』

동양의 고전은 간략하고 명료한 표현으로 인생의 의미와 인간의 본질을 단번에 표현해 내는 경우가 많으며, 말에 그 매력이 있다. 이것도 그중 하나다.

화 속에 복이 있고, 복 속에 화의 씨앗이 잉태되어 있어 앞날이 어떻게 될지 모른다.

그렇다면 다음과 같은 삶의 방법을 생각해 볼 수 있다.

살다 보면 좋은 시절만 있는 것이 아니다. 평생 좋은 시절만 보내는 사람은 거의 없고, 대부분의 사람들에게는 사방이 꽉 막히거나 바닥에 곤두박질치는 때가 한번씩은 찾아온다. 하지만 화 속에는 복이 있다는 말처럼, 좋지 않은 상황에 빠진다고 낙담하거나 자포자기할 필요도 없다.

'화가 복이 되는' 일은 충분히 가능하므로, 초조해하거나 당황해하지 말고 침착하게 국면 전환을 모색하면 된다. 한편, 흐름을 타고 하는 일마다 잘 되는 경우가 있다. 그러나 복은 화가 숨는 곳이므로, 언제 어디서 생각지도 못한 함정이 기다리고 있을지 모른다. 따라서 상황이 좋은 때일수록 긴장하는 자세로 무슨 일이든 신중하게 대처해야 한다.

어쩌면 이 말이 시사하고 있는 바는 당연하다면 당연하고, 평범하다면 평범하다고도 할 수 있다. 그런데 우리는 평범하기 때문에 의외로 잘 잊는 경향이 있고, 과거에 선인들이 범했던 것과 똑같은 실수를 반복해서 저지르고 있다. 이 얼마나 바보 같은 짓인가!

역경에 처했을 때 어두운 표정을 한 채 어깨를 축 늘어뜨리고 있는 사람이 있다. 그런 태도로는 아무리 시간이 지나도 상황이 좋아지지 않을 뿐 아니라, 급기야는 도저히 헤어 나올 수 없는 지경에 빠져들 위험이 있다.

반대로 상황이 조금 좋아졌다고 금세 가볍게 들뜨는 사람이 있는데, 이런 사람들을 보고 있으면 위태로워 보인다.

두 경우 모두 인간학이나 인생학에 상당히 미숙한 사람들이라고 할 수 있다. 고전이 전하는 선인들의 지혜는 대부분 평범한 내용이 많은데, 당연한 얘기라고 우습게만 생각하기보다는 곰곰이 의미를 되새겨 보는 자세가 필요할 것이다.

禍　福　之　所　倚，福　禍　之　所　伏
재앙화　복복　갈지　바소　의지할의　복복　재앙화　갈지　바소　엎드릴복

인생을 위한 지혜

단점은 지키고,
장점은 자랑하다

護其所短, 矜其所長 『자치통감資治通鑑』

극심한 불황에다 부실 경영 등에 대한 책임의 소재를 거론하게 되면 각종 금융기관과 증권회사가 경영 철학의 부재나 허약한 시스템 등에 대해 비판을 받게 된다. 그럴 때면 회장, 은행장이 사임하는 등 회사마다 각자 나름대로 대처하기는 하지만 책임을 지는 정도는 씁쓸하기만 하다.

예를 들어 실력자인 회장은 그대로 있고, 사장이 책임지고 사임했다고 발표하여 명분을 내세운 다음 그 사장이 그대로 부회장이 된 경우도 있다. 사장에서 부회장으로 가는 코스는 누가 봐도 승진 인사다. 그런데 이를 두고 어떻게 책임을 졌다고 말할 수 있겠는가? 이러한 경우를 보면 얼마나 반성하고 있는지 의심스럽기 짝이 없다.

물론 당사자들에게도 나름대로의 이유는 있겠지만, 최고 경영자의 가장 중요한 부분 중 하나가 책임을 지는 일이다. 마땅히 져야 할 책임도 지지 않고 보잘것없는 변명과 핑계로 일관한다면 이는 누구를 위한 리더라고 할 수 있겠는가?

사람은 누구에게나 장단점이 있다. 아무리 훌륭한 사람이라도 단점은 있게 마련이다. 그 단점을 다른 사람으로부터 지적받았다고 해보자. 더욱이 윗사람이 아니라 부하에게 지적받은 상황에서 상대방의 말을 귀 기울여 듣고 고치려고 한다면 정말 훌륭한 사람이라고 할 수 있지 않겠는가.

그러나 쉽지 않은 일이다. 보통은 화를 내거나 핑계를 댄다든가 변명을 하면서, 겸허하게 받아들이지 않으려고 한다. 때로는 "나에게는 이런 장점이 있는데, 그것은 왜 평가해 주지 않는가?" 하고 되받아치기도 한다.

이러한 상황을 설명하는 구절이 바로 '호단긍장護短矜長'이다. 이것은 특히 리더가 해서는 안 되는 덕목이다.

옛날 중국에 불교에 귀의한 황제가 있었다. 원래가 범상한 인물은 아니었으나, 지나치게 불교에 심취한 나머지 정치는 돌보지 않아 결국 만년에 정국이 어지러워졌다. 사태를 염려한 중신 하나가 심하게 실정失政을 비판하고 개혁을 부르짖었다. 그랬더니 황제는 "너는 조정의 사치를 금하라고 하는데 나의 이 소박한 생활을 보라. 어디 불필요한 비용을 쓰고 있는가? 구체적으로 말해 보라." 하며 강하게 반발했다.

나중에 역사가들은 이 황제의 태도를 '호단긍장'이라 비판하였다. 현대식으로 표현하면 '책임전가'다. 이 황제는 결국에는 나라를 망하게 했다. 오늘날의 리더들도 '호단긍장'은 피해야 할 덕목이라 하겠다.

護 其 所 短, 矜 其 所 長
보호할호 그기 바소 짧을단 자랑할긍 그기 바소 길장

싸움에 능한 자는 전세를 잘 파악하고, 남에게 책임을 돌리지 않는다

善戰者 求於勢 不責於人 『손자孫子』

훌륭한 장수(지휘관)는 조직 전체의 사기를 중히 여기고 부하한 사람, 한 사람의 능력과 역할에는 그다지 큰 기대를 걸지 않는다고 한다. 왜냐하면 그 조직의 사기가 높으면 하나의 힘을 다섯 이상으로까지 발휘시킬 수 있기 때문이다. 반대로 사기가 떨어지면 열의 힘을 갖고 있더라도 십분의 일도 발휘하지 못한다. 이 둘의 차이는 실로 엄청나다.

그 좋은 예가 강물의 흐름이다. 물살의 흐름이 완만한 곳에서는 힘을 잘 느끼지 못한다. 그러나 급류를 타면 바위도 부숴버릴 수 있다. 이것이 사기士氣다.

회사도 마찬가지다. 그 회사를 방문해 보면 사기가 높은 곳인지 아닌지 금방 알 수가 있다. 사기가 충천한 회사는 입구에 들어설 때부터 사내의 분위기가 밝고 활기차다. 이에 반해 실적이 떨어지고 있는 회사는 사원들의 표정이 어둡고 활력도 없다. 그런 식으로 가다 보면 금세 사기가 떨어지게 되어 있다. 사기가 없으면 고전을 면하기 어렵고, 사기가 충천하면 싸움을 유리하게 이끌 수가 있다.

그렇다면 사기는 어떻게 만들어낼 수 있을까? 이것을 생각해 내는 것이 리더의 역할이다. 참고로 몇 가지 방법을 들어보겠다.

우선 무엇보다도 리더 자신이 분발해야 한다. 조직의 사기가 오르면 내버려 두어도 잘되기 때문에 고삐만 잡고 있어도 충분하다. 문제는 실적이 곤두박질해 사기가 떨어졌을 때이다. 실적이 떨어졌다고 해서 리더가 잔뜩 어깨를 움츠리고 고개를 떨구어서는 곤란하다.

그렇다고 리더 혼자 정열에 불탄다고 해서 되는 것도 아니다. 조직에 사기를 불어넣기 위해서는 부하 직원에게 자신감을 갖게 할 필요가 있다. 일단 부하 직원에게 달성 가능한 목표를 설정하게 한다. 처음에는 낮은 목표라도 상관없다. 차츰 성과가 쌓이다 보면 탄력이 붙게 되어 있다. 그러면 머지않아 조직 전체의 사기가 충천해지는 것이다.

그 다음으로 부하 직원을 칭찬할 필요가 있다. "음! 아주 잘했어.", "자네도 하니까 아주 잘하네." 하고 칭찬해 주면 별 볼일 없던 사람도 자신감이 넘치게 된다. 또한 입으로만 칭찬하는 것보다 격려금이나 보너스를 지급하는 등 구체적으로 보상해 주면 한층 더 효과가 있다.

그 밖에도 여러 가지 방법이 많을 것이다. 리더는 지혜를 짜내어 조직에 사기를 불어넣는 데 힘써야 한다.

善 戰 者 求 於 勢 不 責 於 人

능할선　싸울전　사람자　구할구　어조사어　기세세　아닐불　꾸짖을책　어조사어　사람인

전략이 치밀하면 이기고, 전략이 부실하면 진다

多算勝, 小算不勝 『손자孫子』

'산算'이란 계산, 좀더 나아가 승산勝算이다. 요컨대 "승산이 많으면 이기고, 적으면 진다." 하는 말은 승산이 없는 싸움은 하지 말고 싸움을 시작할 때는 우선 어느 정도면 이길 수 있는지 계획을 세우라는 뜻이다.

당연한 말이라고 생각할 수도 있다. 하지만 현실에서 막상 그 입장에 서보면 의외로 판단하기가 어렵다. 자칫하면 희망적인 관측에 사로잡혀 "어떻게 되겠지. 일단 하고 보자. 이것도 해보고 저것도 해보고." 하는 식이 되기 쉽다. 이런 방식은 어리석음 그 자체다.

그렇다면 어느 정도의 승산이 있을 때 싸워야 하는가? 손자는 세부적인 수치까지 말하고 있지는 않지만, 전후 사정을 살펴보면 다음을 알 수 있다.

첫째, 승산이 아예 없는 경우가 있다. 이것은 손자도 말했듯이 거론할 가치가 없으므로 무조건 피해야 한다. 그러면 승산이 반반일 경우는 어떠한가? 이럴 때는 이길 가능성과 질 가능성이 똑같다고 할 수 있다.

손자는 이것을 도박이라고 했다. 당연히 그런 싸움은 안 하는 게 좋다. 모두가 사람의 일이기 때문에 그 어떤 싸움도 100퍼센트 승산이 있다고 장담할 수는 없다.

그러면 승산이 절반도 안 될 경우에는 어떻게 해야 할까? 그럴 때는 일단 물러서서 전력을 보존해야 한다. 정세는 늘 변하기 때문에 기회는 반드시 다시 찾아오게 되어 있다. 일단 참고 다음 기회를 노려야 한다. 나중에 싸워도 결코 늦는 것은 아니다.

옛사람들은 승산이 크지 않은 싸움에는 나서지 않았다. 그러나 요즘 사람들은 웬만한 가능성만 보이면 성급하게 "한번 해보자!" 하고 나서는 경향이 있다.

한편, 가능성이 적더라도 다음의 두 가지 조건이 충족되면 좋은 경우라 할 수 있다.

먼저, 모든 방법을 동원했을 때 절반 이상의 승산이 있다면 싸움에 나서되 그 이상을 거뜬히 이룰 수 있도록 노력해야 한다. 이때는 말만 내세우지 말고 피를 토할 각오로 임해야 한다.

다음으로, '언제 어떤 형태로 그만둘 것인가?', '만약 지게 되면 어떻게 할 것인가?' 등에 대한 대책을 미리 세워두는 것이 좋다. 이것이 충족되지 않는다면 결국 무모한 싸움으로 끝나고 만다.

多 算 勝, 小 算 不 勝
많을다　셀산　이길승　작을소　셀산　아닐불　이길승

가능하면 나아가고, 어려우면 물러선다

見可而進, 知難而退 『오자吳子』

'손오孫吳의 병법'이라는 말이 있다. '손孫'은 『손자』, '오吳'는 『오자』를 뜻한다. 둘 다 대표적인 병법서로 전술전략에 대한 비법이 풍부하게 정리되어 있다.

전술전략은 전쟁에서의 진퇴를 말한다. 전술전략은 전쟁터에서만 사용하는 것이 아니다. 험한 세상을 살아가기 위해서나, 혹은 여러 유형의 인간관계에 대처하기 위해서도 딱 들어맞는 지혜로 가득하다.

『오자』의 병법을 보면 가능한 것을 보고 나아가고, 어려움을 알고 물러선다는 구절이 있다. 유리하다고 생각하면 앞으로 나아가고, 불리하다고 판단되면 물러서라는 뜻이다.

당연하다고 생각할지 모르나 이는 전술전략의 진수다.

가능한 것을 보고 나아간다.

당연한 말이다. 문제는 그 다음이다. 적과 부딪혔을 때 상대의 힘이 확실하게 우위에 있어 이대로 싸웠다가는 내가 당할 수도 있다고 판단했다고 하자.

이 경우 요즘 같으면 "앞으로, 앞으로, 쳐부수는" 싸움이 되기 쉽다. 물론 이런 방식이 통할 때도 있다. 하지만 전군이 몰살당하는 비운을 피할 수 없다.

『손자』, 『오자』 등 고대의 뛰어난 병법들은 무모한 싸움을 권하지 않는다. 병법에서는 적과 부딪혔을 때 안 된다고 생각하면 뒤로 물러서라고 말한다. 정세는 늘 변하기 때문에 기회는 반드시 다시 찾아오기 때문이다. 한 발 물러서서 전력을 보존한 후 다음 기회를 노리라는 발상이다. 어느 쪽이 강력한 싸움 방식인지는 말할 필요가 없다.

역사를 보면 공격만 부르짖은 리더는 모두 도중에 무너졌다. 세력을 커다랗게 키우고 천하를 얻은 리더는 모두 철퇴撤退*의 단념이 빨랐다. 결국 '물러설 때를 아는 리더'가 이겨서 천하를 얻었다. '기회'라고 생각하면 단숨에 나아가고, 형세가 불리하다고 판단되면 재빨리 물러나 다음 기회를 노리는 것이다.

인생을 살아나가는 데 있어 충분히 활용할 수 있는 지혜라 할 수 있다.

철퇴 : 거두어 가지고 물러남.

見 可 而 進, 知 難 而 退
볼견　올을가　말이을이　나아갈진　알지　어려울난　말이을이　물러날퇴

● 도망갈 길 ●

포위된 적에게는 반드시 도망갈 길을 열어준다

圍師必闕 『손자孫子』

'위사圍師'란 적을 포위하는 것이다. '궐闕'이란 도망갈 길을 열어놓는 것, 즉 적을 포위했으면 반드시 도망갈 길을 열어주고 완전히 포위해서는 안 된다는 뜻이다.

왜일까? 완전히 포위하여 도망갈 길을 막아버리면 적은 살기 위해 필사적으로 싸운다. 그렇게 되면 생각지 않게 역전의 빌미를 제공할 수도 있다. 이러한 싸움 방법은 어리석은 짓이라는 것이 손자의 생각이다.

물론 일단 포위했으면 최선을 다해 공격하는 방법도 있다. 그러나 정황에 따라서는 "포위된 적에게는 반드시 도망갈 길을 열어준다." 하는 의미도 충분히 생각해 볼 수 있어야 한다. 아니, 도망갈 길을 열어줌으로써 오히려 스스로 무너지게 만드는 싸움 방식이 전략적으로 훨씬 고등한 수법일 수 있다.

고전 병법에 나오는 전술전략은 현대인의 발상과는 상당히 다르다.

포위된 적에게는 반드시 도망갈 길을 열어둔다.

이것은 전쟁뿐 아니라, 인간관계에서도 그대로 적용된다.

다양한 인간관계에서 상대방에게 명백한 잘못이 있다고 인정되는 경우가 있다. 그러나 그렇다 해도 아무 소리 못하게 몰아붙인다면 상대방은 오히려 반발심이 생겨 쓸데없는 응어리를 남길 염려가 있다.

보통의 인간관계라면 멀리하면 그만이지만, 생활과 일에 관계되었을 때의 인간관계는 문제가 있다. 이렇게 발생한 앙금은 쉽게 해소되지 않고 꼬리에 꼬리를 물고 끝까지 괴롭히며 따라다닌다.

예를 들어 회의 석상에서 무참하게 상대방을 반박하고 나서면서도 의기양양한 사람이 있다고 하자. 특히 관대하지 못한 상사들 중에 이런 유형이 적지 않다. 부하 직원은 그 자리에서는 자신의 위치 때문에 알았다는 시늉을 하고 물러날지 모르지만, 실제로는 진심으로 받아들이지 못하는 경우가 많다.

부하 직원을 야단칠 때도 마찬가지다. 꾸짖거나 주의를 줄 때에는 상대방에게도 해명할 여지를 남겨주어야만 한다.

상대방이 도망갈 길을 막아버리는 방법은 쓸데없는 반발을
불러 오히려 설득 효과가 떨어지게 되어 있다.

圍　師　必　闕

에워쌀 위　군사 사　반드시 필　닿아날 궐

용병술이 뛰어난 사람은
상산常山의 뱀과 같다
善用兵者, 譬如率然 『손자孫子』

용병술이 뛰어난 사람은 '솔연率然'과 같은 싸움을 한다고 한다. 그럼 '솔연'이란 무엇인가?

솔연은 상산常山에 살고 있는 뱀이다. 상산의 뱀은 머리를 치면 꼬리로 공격해 오고, 꼬리를 치면 머리로 공격을 해온다. 한편 몸통을 치면 머리와 꼬리로 동시에 공격을 한다.

아주 끈질긴 뱀이다. 이렇게 싸우는 상대를 적으로 만나면 정말로 대적對敵하기 힘들 것이다. 그런데 실제로 그러한 싸움 방법이 가능할까? 뱀이라면 가능할지 모르겠지만 사람이 모인 집단에서 이러한 싸움 방식을 취할 수 있을까? 『손자』는 이것이 가능하다고 하면서, 다음과 같이 말하고 있다.

오吳와 월越은 본래 원수관계지만, 이따금씩 두 나라 사람들이 같은 배를 탔다가 폭풍을 만나 난파의 위험이 닥치면 양손처럼 서로 협력하여 돕는다.

'오월동주吳越同舟'라는 말이 여기서 나왔는데, 현재 사용되고 있는 뜻과는 조금 다르다. 『손자』는 '병사들을 어떻게 일사불란한 싸움으로 몰아갈 수 있을까?' 하는 관점에서 생각한 결과 다음과 같이 설명하고 있다.

병사들은 절체절명의 위기에 몰리면 오히려 공포를 잊어버린다. 도망갈 길이 없는 상태에 몰리면 일치단결하고, 적진 깊숙이 들어가면 결속을 다지고, 어쩔 수 없는 상황에 처하게 되면 필사적으로 싸운다. 따라서 병사들은 지시하지 않아도 스스로 경계하며, 요구하지 않아도 스스로 사력을 다한다. 군율로 구속하지 않아도 단결하고, 명령하지 않아도 신뢰를 저버리지 않는다.

이것이 『손자』가 말하는 '오월동주'다. 이렇게 되면 조직을 '솔연'처럼 싸우게 할 수가 있다고 한다. 참으로 뛰어난 조직관리가 아닐 수 없다!

단, 『손자』는 이것만을 단편적으로 강조하지 않고, 이를 위해 사전에 몇 가지 조건이 충족되어야 한다고 말한다.

1. 충분히 휴식을 취해 전력을 보존하고 정예로 무장할 것

2. 적의 의표를 찌르는 작전계획을 세울 것

3. 평소에 철저히 통솔하여 전의를 불태우게 할 것

4. 하늘이 돕고 땅이 이롭도록 노력을 태만히 하지 말 것

위의 전제조건들이 충족되어야 비로소 전군이 한 덩어리가 되어 '솔연'처럼 싸우게 할 수가 있는 것이다.

善 用 兵 者, 譬 如 率 然

능할선   쓸용   군사병   사람자   비유할비   같을여   거느릴솔   그러할연

위험할 때 나아가 요행을 바라다

承危以徼倖 『삼국지三國志』

『삼국지』는 시대를 막론하고 널리 읽히는 책이다. 『삼국지』에는 스케일이 크고 개성이 강한 인물들이 계속 등장하여 살아남기 위해 격렬하게 싸운다. 그래서 재미있게 읽을 수 있는 한편, 현대를 살아가는 데도 참고할 만한 부분이 적지 않다. 그만큼 매력적인 요소가 넘친다고 할 수 있다.

『삼국지』에 나오는 리더들 중에서 가장 걸출한 인물이 위魏나라의 조조曹操다. 하지만 『삼국지』의 팬 중에 그를 좋아하는 사람은 별로 없다. 왜냐하면 소설 『삼국지』에서 전형적인 악의 화신으로 등장하는 바람에 '간웅姦雄'의 측면이 강조되었기 때문이다.

실제로 조조는 어떤 인물이었을까? 조조에게 악의 요소가 없지는 않았다. 그렇지만 결코 그것만이 전부가 아니라는 것을 증명하는 이야기가 있다.

조조가 북방에 세력을 확장하고 있는 오환烏桓을 토벌하러 갔을
때의 일이다. 그의 수하에 있는 장수들 대부분이 무모한 일이라며
반대하였다. 그러나 조조는 장수들의 반대를 무릅쓰고 정벌을 강행
했고, 결국 어려운 싸움 끝에 목적을 달성하고 귀환하였다.

성으로 돌아온 조조는 원정에 반대한 장군들에게 재차 자신의 이
름을 말하라고 명령했다. 장군들은 '이제 처벌인가?' 하는 생각에
각오를 다졌다. 그러나 조조는 그들에게 상을 내리며 말했다. "나
는 어려울 때 나아가 요행을 바랐다. 이를 얻기 위해서는 하늘이 도
와야 한다. 항상 이와 같을 수는 없다." 이번 싸움은 위험한 도박으
로서 요행을 기대했으며, 하늘의 도움으로 일단 목적은 달성했지만
이런 방법이 언제나 성공할 수는 없다는 의미다.

조조는 이어서 "제군들의 계산이 맞았다. 그래서 상을 내리는 것
이다. 앞으로도 거침없이 의견을 내주기 바란다."라고 말했다.

이 이야기에 잘 표현되어 있듯이 조조라는 인물은 '요행徼倖',
즉 행운이 따라서 승리하는 싸움을 싫어했다. 그는 면밀한 작전계
획을 세워서 전투에 임했다. 이것이 그의 성품이었다. 때때로 승
리했다고는 해도 원칙에 반하는 싸움이었을 때는 철저히 반성했
다. 이 점이 조조의 훌륭한 점이다.

현대에 있어서도 개인의 삶이나 경영에 있어 어려울 때 나아

가 요행을 바라는 것은 금물이다. 일시적으로 성공한다 해도 얼마
안 가 무너져버릴 수 있기 때문이다.

承 危 以 徼 倖
받들승 위태할위 써이 구할요 요행행

● 일과 인격 ●

하늘의 운행이 건강하듯이
군자 역시 자신을 갈고닦아야 한다

天行健, 君子以自强不息 『역경易經』

　　사회가 경제를 비롯해 전반적으로 불안한 상태가 계속되면 그만큼 마음을 우울하게 하는 사건들도 많이 일어난다. 이는 가치관이 혼미해지면서 사람들의 의식도 방향을 잃고 혼돈에 빠져든 것이라고 볼 수 있다.

　　혼미한 사회 상황 속에서 힘든 시기를 버텨내기 위해서는 각자가 자신의 위치에서 기운을 내 열심히 노력하는 것밖에는 방법이 없다.

　　'천행天行'이란 하늘의 운행이다. '건健'이란 건전함 또는 건강함이란 뜻이다. 또한 '군자君子'는 리더를, '자강自强'이란 스스로 노력하는 일을 뜻한다.

이는 하늘이 잠시도 쉬지 않고 건강하게 움직이는 것처럼 리더의 입장에 있는 사람들은 솔선해서 열심히 노력해야만 한다는 의미이다.

그렇다면 무엇을 열심히 노력해야 하는가?

첫째, 당연히 '일'이다. 자신이 일하는 분야에서 맡은 바 책임을 충실하게 수행하기 위해 노력하는 자세가 무엇보다 중요하다. 리더란 본래 책임만 무겁고 그 책임만큼 보상을 받지 못하는 위치다. 그러므로 자신의 위치에서 책임질 부분에 대해 정확히 인식할 필요가 있다. 힘들다거나 괴롭다고 말해 봐야 자격이 부족하다는 이유밖에는 안 된다. 투지를 가지고 담담하게 노력해야 한다.

둘째, '인격'을 연마하는 것이다. 인격을 연마하기 위해서는 부단한 노력이 필요하다.

오늘의 지도자들 역시 이 두 가지에 대해 스스로 솔선해서 노력하는 마음가짐으로 임하라고 말하고 싶다.

天 行 健, 君 子 以 自 强 不 息
하늘천　갈행　튼튼할건　임금군　아들자　써이　스스로자　굳셀강　아닐불　숨쉴식

나라가 망하려면 규제가 많아진다

國將亡, 必多制 『좌전左傳』

'제制'란 법령이나 규칙과 같은 것이다. 예부터 이것이 많아지면 국가의 활력이 쇠퇴했다는 증거로 보아왔다.

나라를 다스리는 데는 반드시 법령과 규칙이 필요하다. 위반하는 자는 처벌도 엄격하고 단호히 해야 한다. 처벌하지 않으면 통제할 수 없으므로 나라를 다스리기가 힘들어진다.

그렇다고 법령과 규칙만 늘어나면 백성들이 활력을 잃고, 의욕이 상실될 우려가 있다. 또한 법률의 허점만을 찾아내서 법망을 빠져나가려는 자들이 나타난다. 이렇게 되면 점점 더 법률을 강화시키게 되고, 사회 문제가 극한으로 치닫는 등의 악순환을 빚기 일쑤다.

이것은 나라뿐만이 아니라 모든 조직에 적용될 수 있다. 모든 조직은 '상승기 - 융성기 - 쇠퇴기'의 과정을 밟아나가다 소멸하게 된다. 영원히 발전의 과정만 밟는 조직이란 애초부터 있을 수가 없다.

상승기에 있는 조직은 활력이 넘쳐난다. 그것이 융성기로 가면 절정에 다다랐다가 쇠퇴기에 접어들면서 약해진다. 왜 약해지는 것일까? 규제가 많아지는 것과 깊은 관계가 있음을 염두에 두어야 할 것이다.

국가가 경제적, 사회적으로 성장을 계속할 때는 활력이 넘쳐난다. 따라서 '규제'가 있어도 장해가 되지 않고 오히려 좋은 방향으로 적용된다. 그러나 활력이 떨어지면 규제의 폐해가 현격하게 드러날 수밖에 없다.

國 將 亡, 必 多 制
나라국 장차장 망할망 반드시필 많을다 마를제

● 감정의 조절 ●

왕은 분노에 못 이겨 병사를 일으키지 말고, 장수는 감정으로 싸우지 말라

主不可以怒而興師, 將不可以慍而致戰 『손자孫子』

왕과 장군은 분노나 감정에 휘말려 군사행동을 해서는 안 된다. 분노와 감정은 인간 행동의 중요한 원인이다. 이것이 근저에 깔리면 행동에 힘이 가해질 수밖에 없다. 하지만 분노와 감정이 앞서면 시야가 좁아져 침착하게 정황을 파악하지 못한다. 그 결과 자칫 판단을 그르쳐 스스로 무덤을 파고 만다. 『손자』는 이 점을 경계하고 있다.

이렇게 말하면 당연한 말이라고 생각할지 모르겠다. 그러나 그 입장이 되어보면 의외로 어려운 일임을 알 수 있다. 인간은 감정의 동물이라고 한다. 그 감정을 조절하려고 하니 결코 쉬운 일은 아니다. 역사를 되돌아보아도 감정에 휘말려 자멸한 장군들이 얼마나 많은가?

가령 삼국지의 유비가 그렇다.

유비는 삼국지의 주인공 중 한 사람이지만 싸움에는 취약했다. 파란만장한 고생 끝에 만년에 촉蜀나라 땅에 자신의 세력을 구축하였는데, 이곳에서 또다시 커다란 실패를 맛보게 된다. 때마침 형주荊州를 지키고 있던 관우關羽가 오吳나라 손권孫權의 계략에 말려들어 살해되는 사건이 일어났다. 관우는 유비와 뜻을 같이하는 벗이며 동생이었다. 그런 관우가 어이없이 살해되었다. "이놈! 손권이!" 유비는 분노를 드러내며 손권 토벌을 위해 군사를 일으키려 했다. 이에 촉의 중신들 모두가 반대를 했는데, 중신들을 대표해서 숙장宿將 조운趙雲이 충언을 했다.

"손권 토벌은 아니 되옵니다. 원래 우리의 적은 위나라의 조조이지 손권이 아니옵니다. 위나라가 멸망하면 오나라는 머리를 숙이고 들어옵니다. 위나라를 그대로 둔 채 오나라와 다투어서 다시 전쟁을 한다면 돌이킬 수 없는 사태에 빠지고 말 것입니다."

촉蜀은 원래가 위魏의 정벌을 국시國是로 내걸었으니, 조운의 주장은 맞는 말이었다. 그러나 손권에 대한 증오로 가득 차 있던 유비는 중신들의 반대를 무시하고 결국 손권을 토벌하기 위한 군사를 일으켰다.

부하를 끔찍이 생각하는 유비의 진면목을 읽을 수 있다. 그렇지만 한 사람의 장수로서 생각해 보면 판단이 틀렸다고 할 수 있다. 그 결과 유비는 '이릉夷陵의 전투'에서 대패를 당하고 패배의 아픔으로 수명까지 재촉하고 말았다. 유비의 실패는 결코 남의 일만

이 아니다.

———————————◇———————————

主 不 可 以 怒 而 興 師,
임금주 아닐불 옳을가 써이 성낼노 말이을이 일으킬흥 군사사

將 不 可 以 慍 而 致 戰
장수장 아닐불 옳을가 써이 성낼온 말이을이 이룰치 싸울전

싸울 때는 상대의 전력이 충실한 데는 피하고, 허를 찔러라

兵而形避實而擊虛 『손자孫子』

『손자』는 전술전략의 정수가 결집된 고전으로 예로부터 리더들 사이에서 필독서로 알려져 있다. 리더는 모름지기 싸움의 진퇴를 알아야 진정한 지도자라 할 수 있기 때문이다.

오늘날은 비즈니스가 국제적인 성격이 강해져 수시로 외국의 도전에 응해야 한다. 상대의 도전에 쉽게 넘어가면 아무것도 이룰 수가 없다. 리더는 항상 상대가 도전을 해오면 되받아칠 각오가 돼 있어야 한다. 따라서 전술전략의 기본을 익히고 있을 필요가 있다.

『손자』는 중국의 고전이면서 세계의 고전이라 해도 좋을 만큼 이 전술전략을 익히는 데 있어 최고의 지침서다.

싸울 때는 상대의 전력이 충실한 데는 피하고, 허를 찔러라.

'병兵'이란 싸움을 말하고, '실實'은 전력이 우수한 상태를, '허虛'는 전력이 미비한 상태를 가리킨다.

위 내용은 싸움을 할 때는 상대의 전력이 우수한 부분은 피하고 약한 부분을 공격해 들어가야 한다는 의미다. 상대의 전력이 견실할 때 맞상대하면 고전을 면하기 어렵다. 어떠한 상대라도 약한 면이 있게 마련이다. 그 부분을 공격하면 승리할 확률을 훨씬 높일 수가 있는데, 이는 경영전략에도 적용될 만한 병법이라 할 수 있다.

어느 업계나 살아남기 위한 경쟁이 치열하다. 강력한 라이벌이 버티고 있는 분야에 어슬렁거리는 태도로 임한다면 성공은 멀기만 할 뿐이다. 그보다는 상대의 허점을 노리고 진출하는 편이 성공 가능성이 훨씬 높다.

또한 중소기업이 대기업과 있는 그대로 맞붙으면 이길 수가 없다. 어떠한 대기업도 반드시 약점은 있게 마련이다. 아니, 오히려 대기업이기 때문에 손댈 수 없는 분야도 있다. 그러한 부분을 발견해 내고 육성해 낸다면 스스로 살아남는 길을 찾을 수 있을 것이다.

경제를 살리기 위해서는 주변국과 경쟁하지 않는 분야를 꾸준히 육성할 필요가 있다. 그러한 과정이 계속해서 쌓이다 보면 경제적으로 우뚝 설 수가 있다.

틈새를 뚫는 방법, 이 방법은 "충실한 곳을 피하고 허점을 노려 공략한다." 하는 병법을 응용하는 좋은 예라 할 수 있다.

兵　而　形　避　實　而　擊　虛
싸움 병　말이을 이　세력 형　피할 피　실할 실　말이을 이　부딪힐 격　빌 허

● 사랑과 위엄 ●

좋은 장수에게는
사랑과 위엄이 있어야 한다
善將者愛與威而已 『울료자尉繚子』

병법서를 비롯한 고전에서는 리더의 다양한 조건에 대해 말하고 있다. 다음에 소개하는 내용도 그중 하나다. 『울료자』는 뛰어난 장수의 조건이 단적으로 말해 '애愛'와 '위威', 이 두 가지에 달려 있다고 한다.

왜 이 두 가지일까? 『울료자』에 따르면 다음과 같다.

장수를 마음으로 사모하는 부하가 아니면 자신의 역할을 다하지 않는다. 또한 장수를 두려워하는 부하가 아니면 수족처럼 부릴 수가 없다. 사랑을 가지고 대해야 부하의 마음을 움직일 수 있고, 위엄을 보여야 명령에 따르게 할 수 있다.

오늘날의 리더도 마찬가지다. '애'란 부하를 사랑하는 마음이

제5부 인생을 위한 지혜 255

다. 온정이라 해도 좋겠다. 리더의 사랑이 느껴져야 부하는 따르게 되어 있다.

가령 리더가 사원을 대할 때도 자신을 헐값에 혹사시킨다는 기미가 조금이라도 비치면 부하들은 외면하게 되어 있다. 사람을 쓸 때는 상대방의 생활이 안정되도록 배려해야 한다. 회사에 수익이 생기면 제일 먼저 사원에게 환원해 주는 것, 이것이 바로 사원에 대한 '사랑[愛]'이다. 사랑이 있어야 부하도 따르고, 한층 더 의욕적으로 노력하게 되어 있다.

단, '사랑'만으로는 조직을 이끌어나갈 수 없다. 인간은 편안함을 추구하는 습성이 있다. '사랑'만으로 일관하면 쉽게 나태해진다. 그렇게 되면 조직을 제대로 운영할 수가 없다.

그래서 필요한 것이 '위'이다. '위'란 무엇인가? 사장이 출근하면 사내 공기가 어딘지 모르게 긴장감이 감돈다. 이는 사장에게 '위엄[威]'이 있기 때문인데, 이처럼 사원들이 엄하게 느끼거나 조심스러워하는 것들과 연결되는 힘이 바로 '위엄'이다.

리더가 위엄을 갖기 위해서는 무엇보다 '신상필벌信賞必罰'의 엄격함이 필요하다. 이 점이 결여되면 조직을 이끌어나가기가 곤란해진다.

그러나 엄격하면 부하를 떨게 만들 수는 있어도 마음을 얻기는 힘들다. 그래서 '사랑'이 필요한 것이다. '사랑'과 '위엄'은 어디까지나 동전의 앞뒷면과 같다. 둘 중 어느 한쪽으로 기울어도 사

태가 나빠진다. 리더들은 이 둘의 균형에 유의하여 좋은 지도자로
나아가는 길을 모색해야 한다.

善 蔣 者 愛 與 威 而 已
착할선 장수장 놈자 사랑애 더불여 위엄위 말이을이 이미이

기정奇正의 변화에 궁하면 승리할 수 없다

戰勢不過奇正, 奇正之變不可勝窮也 『손자孫子』

'전세戰勢'란 적을 물리치는 기세, 즉 적과 싸우는 방법을 가리킨다. '기정', 즉 '기奇'와 '정正'은 병법 용어다.

'정'이란 일반적인 것, 다시 말해서 정상적인 것을 의미하는 데 반해 '기'는 특수한 것, 변화하는 것을 의미한다. 따라서 정공법을 '정'이라 하면 기습작전은 '기'이고, 정면 공격이 '정'이면 측면 공격은 '기'가 된다. 예를 들어 유격부대의 싸움은 '기'라고 할 수 있다.

『손자』에 따르면 싸움 방법은 결국 '정공[正]'과 '변화[奇]', 이들 두 가지의 조합에 지나지 않는다. 그러나 조합하는 방법은 셀 수 없을 만큼 무한하다. '정공'과 '변화'를 기계적으로 이해하고 있으면 싸움에서 이기지 못한다. 승리하려면 '천변만화千變萬化'의 운용을 숙달하고 있어야 한다. 여기에 승리의 어려움이 있다.

『손자』는 또 이렇게도 말한다.

정正은 기術를 생성하고, 기는 또한 정을 운용하여 원활하게 연결되어야 한다. 따라서 누구나 쉽사리 이러한 것에 대해 알아낼 수가 없다.

이 문제는 조금만 관점을 달리하면 정석과 응용의 관계에 비유할 수 있다. 모든 일에는 정석이 있다. 정석은 원리원칙이다. 먼저 정석을 명확하게 머릿속에 넣어두어야 한다. 이 부분은 아무리 강조해도 지나치지 않는다. 문제는 그 다음인데, 정석만 기억하고 있다고 해서 승리하는 것은 아니다. 그 어떤 현실도 그렇게 호락호락하지 않기 때문이다. 이기기 위해서는 임기응변에도 능해야 한다.

그렇다면 어떻게 해야 임기응변에 능숙해질 수 있을까?

첫째, 실전 체험인데 머리로만 기억하는 것이 아니라, 몸으로 부딪치는 것이 중요하다. 조금씩이라도 좋으니 중도에 포기하지 말고 경험을 축적해 나가면 스스로 운용의 방법을 터득할 수 있다. 차츰 여기에 익숙해지면 정황 변화에 따라 적절한 대책을 찾아낼 수 있을 것이다.

둘째, 사례 연구를 거듭함으로써 선험적으로 경험에 대해 배우는 것이다. 좀더 구체적으로 말하면 역사서를 읽는 방법이 있다. 역사책에는 장수가 어떠한 전술전략으로 승리했는지에 대한 사례가 풍부하게 기록되어 있는데, 바로 이 사례에 대해 배우는 것이다.

이 두 가지 노력을 축적하다 보면 상당한 수준의 '기정奇正의 변화'를 습득하여 '운용運用의 묘妙'를 살릴 수 있다. 결국 공부하고 노력하는 것 외에는 다른 방법이 없다.

戰　勢　不　過　奇　正,
싸울전　기세세　아닐불　지날과　기이할기　바를정

奇　正　之　變　不　可　勝　窮　也
기이할기　바를정　갈지　변할변　아닐불　옳을가　이길승　다할궁　어조사야

싸움에서 이기려면 상대를 파악한 후 불의에 기습해야 한다

兵勝之術, 密察敵人之機, 而速乘其利, 復疾擊其不意 『육도六韜』

적을 물리치는 핵심을 정리한 병법서인 『육도』는 그 핵심으로 다음의 세 가지를 들고 있다.

먼저, 몰래 적의 동태[機]를 살핀다.

여기에서 '동태'란 징후 또는 변화를 의미한다. 좀더 구체적으로 살펴보면 "적이 눈치 채지 못하게 상대방의 진영을 관찰하는 것"이다. 싸움은 우선 양 진영이 대치하여 서로 상대방의 움직임을 살피는 데서 시작된다. 무턱대고 싸움을 걸면 승리를 장담할 수 없다. 아니, 오히려 상대방에게 당할 염려마저 있다. 승리를 위해서는 전열을 정비하고 상대의 움직임을 기다려야 한다. 싸움을 걸 때 허점이 생기는 순간을 노려 공략해야 하는 것이다.

적진의 움직임을 관찰하려면 정보를 수집해야 하는데, 이 정보 수집을 게을리하면 아무것도 할 수가 없다. 『손자』의 병법도 정보 수집에 돈을 아끼지 말라고 역설한다. 정보를 얻으려면 하나의 방법만으로는 불안하고 항상 다른 통로를 통한 정보로 보완할 필요가 있다. 따라서 정보원을 몇 군데 뚫어놓는 것이 좋다. 옛날 명장들은 모두 여러 정보원을 이용하여 적진의 움직임을 살피는 데 주력했다. 현대의 기업경영에서도 정보의 필요성은 조금도 변하지 않았다.

오늘날은 정보 홍수의 시대다. 그렇지만 별 볼일 없는 정보가 필요 이상으로 넘칠 뿐 꼭 필요한 정보는 의외로 적다. 필요한 정보를 얻기 위해서는 나름대로 고생이 따르게 마련이다. 돈을 아끼거나 고생을 마다하면 결코 귀중한 정보를 얻을 수 없다.

정보를 통해 적의 움직임을 살폈으면 즉시 행동을 취해야 하는데, 다음의 두 가지를 주의해야 한다.

먼저 재빠르게 그 이점을 이용한 다음, 허점을 노려 공격하는 것이다. 적이 어느 순간 드러낸 허점은 우리 편에게는 '이점[利]', 즉 유리한 조건이 될 수 있다. 이 기회를 살리지 못하면 방법이 없다. 이것이 "이점을 이용하는[乘]" 것이다. 적이 기다리고 있을 때 공격하면 승리할 가능성이 희박하다. 어디까지나 상대가 눈치 채지 못하고 있을 때를 노려야 한다. 이것이 바로 불의의 공격을 하는 것으로 이 모든 과정이 신속하게 진행되어야 한다.

이 내용들을 정리하면 결국 '육도'가 말하는 승리의 조건은 통찰력과 결단력에 달려 있다고 할 수 있다.

兵　勝　之　術,密　察　敵　人　之　機,
군사병　이길승　갈지　계략술　빽빽할밀　살필찰　원수적　사람인　갈지　기미기

而　速　乘　其　利,復　疾　擊　其　不　意
말이을이　빠를속　탈승　그기　이로울리　다시부　병질　부딪칠격　그기　아닐불　뜻의

자주 이겨서 세계를 얻은 사람보다 오히려 멸망한 사람이 더 많다

數勝得天下者稀, 以亡者衆 『오자吳子』

예전에 잘 나가던 업계 중에서 지금은 힘들어하는 곳이 많다. 세계를 석권할 기세로 나가다 주춤하는 것이다.

여기서 생각나는 말이『오자』의 인용구다.

자주 이겨서 세계를 얻는 자는 적고, 오히려 멸망한 자가 더 많다.

왜 자주 이기는데 세계를 얻지 못할까?『오자』는 그 이유를 다음과 같이 말한다.

천하의 강국들 중에서 다섯 번이나 승리를 했던 자는 파멸을 면할 수 없다. 네 번 승리하면 피폐疲弊해지고, 세 번 승리한 자는 패자覇者가 된다. 한편 두 번 승리한 자는 왕이 되며, 단 한 번의 승리로 사태를 수습한 자만이 황제가 될 수 있다.

전쟁을 하려면 지는 쪽보다는 이기는 쪽이 좋다. 대부분이 한 번 이기는 것보다는 두 번, 세 번 이기고 싶어한다. 그렇지만『오자』에 따르면 이는 그다지 좋은 방법이 아니다. 하물며 이기기만 해서야 말해 무엇 하겠는가!

왜 그럴까? 계속 이기기 위해서는 아무래도 무리를 하게 되고, 계속해서 무리하다 보면 언젠가는 균열이 생긴다. 그런데 상대방 역시 지고 싶어하지 않기 때문에 필사적으로 반격을 한다. 그 결과 싸움이 격렬해지고, 격렬한 상황 속에서 살아남기 위해 애쓰다 보면 소모전은 더욱 심각해지는 것이다.

잘 나가던 업계가 힘들어지는 이유가 바로 여기에 있다. 이러한 승리 방식은 이겼다 해도 좋은 방법이 아니다. 그럼 져야 좋은 것인가? 결코 그렇지도 않다. 지면 곧바로 낙오되기 십상일 뿐 현실은 호락호락하지 않다.

그렇다면 어떻게 해야 좋은가? 다음의 두 가지 방법을 생각해 볼 수 있겠다.

첫째, 불필요한 싸움은 피한다. 특히 비즈니스에서는 상부상조, 즉 공존공영共存共榮이 우선해야 한다.

둘째, '지지 않는 싸움'을 위해 노력한다. 이기려고만 들면 아무래도 마찰이 격심해져 이쪽도 소모전이 될 수밖에 없다. 지지 않는 싸움을 마음에 새기고 있으면 상대방을 살려줄 수도 있고,

이쪽도 살아남을 수가 있다.

　모든 사업과 분야가 이러한 발상의 전환을 요구하는 시점에서 지혜를 발휘해야 한다.

數　勝　得　天　下　者　稀,　以　亡　者　衆
셀 수　이길 승　얻을 득　하늘 천　아래 하　놈 자　드물 희　써 이　망할 망　놈 자　무리 중

상대를 알고 나를 알면
백 번을 싸워도 위태롭지 않다

知彼知己, 百戰不殆 『손자孫子』

『손자』의 병법에 있는 유명한 말이다. 들어본 사람들도 많으리라.

적을 알고 나를 알면 절대로 지지 않는다.

싸움, 하면 일단 떠오르는 것이 무기를 가지고 하는 전쟁이다. 오늘도 지구 곳곳에서는 이런 종류의 전쟁이 끊이지 않고 일어나고 있다. 하지만 무기를 가지고 하는 전쟁만이 전쟁은 아니다. 외교도 비즈니스도 전쟁이다. 어쩌면 우리가 인생을 살아나가는 자체가 전쟁일 수도 있다.

『손자』의 이 명언은 모든 종류의 싸움에 적용이 된다.

그렇다면 어떻게 해야 적을 알 수 있을까? 당연히 정보를 수집하는 것을 우선해야 한다. 『손자』는 2,500년 전의 책이지만 그때 이미 "정보의 수집에는 돈을 아끼지 말라." 하고 역설했다. 정보화 사회라고 말하는 오늘날 그 중요성은 훨씬 더 커졌다고 할 수 있다. 물론 현대는 '손자의 시대'와는 달리 많은 정보가 넘쳐나고 있다. 그러나 넘쳐나는 정보 속에서 정말로 가치 있고 필요한 정보는 의외로 드물다. 그렇기 때문에 정보에 대한 감각을 키울 필요가 있다.

그렇다면 어떻게 정보를 수집해야 좋을까?

첫째, 신문, 잡지, TV 등의 미디어를 활용한다. 이들은 흔히 접할 수 있는 매체이면서, 또 찾아보면 의외로 귀중한 정보들이 숨어 있을 때가 많다. 둘째, 세미나나 연수에 참석하는 방법이 있는데, 되도록이면 기회를 놓치지 말고 참가하는 게 좋다. 셋째, 인맥을 통한 정보 네트워크인데, 이를 위해서는 평상시에 신뢰를 주는 인간관계를 형성해야 한다.

정보 수집을 위해서는 위의 세 가지 모두에 시간과 비용을 아끼지 말아야 한다. '전쟁'에서 이기기 위해서는 항상 이 정도의 노력은 꾸준히 해야 하지 않을까?

다음은 나를 아는 것인데, 어쩌면 나를 아는 것이 상대를 아는 것보다 더 어려운 문제일 수가 있다. 나를 알려면 무엇이 필요할까? 바로 '깊은 통찰력'과 '냉정한 판단력'이다.

이를 통해 상대와 나의 전력을 비교, 검토하고 내게 승산이 있다고 보이면 싸우고, 승산이 없다고 판단되면 싸움을 피하고 다른 기회를 노려야 한다.

知 彼 知 己, 百 戰 不 殆
알 지　저 피　알 지　자기 기　일백 백　싸울 전　아닐 불　위태할 태

잘 싸우는 자는 상대방을 내 의도로 끌어들여 상대에게 좌우되지 않는다

善戰者致人而不致於人 『손자孫子』

　'사람을 가져오다[致]'라는 말은 상대방을 내 의도대로 끌어들여 마음대로 휘두르는 것을 뜻하고, '사람에게 가져가게 하지 않는다[不致]'라는 말은 상대의 뜻에 휘말려 좌지우지되지 않는다는 의미다. 즉 싸움을 하는 방법에 대해 말하고 있는데, 이 말이 시사하고 있는 바는 주도권의 문제다. 주도권을 쥐고 싸우면 싸움을 유리하게 이끌 수 있고, 주도권을 뺏기면 고전을 면치 못한다는 이야기다.

　그럼 어떻게 하면 주도권을 잡을 수 있을까?

　우선 '선착의 효과'가 있다. 다시 말해 선수를 쳐서 국면을 이끄는 것으로, 특히 공통된 쟁점 사항에 대해서는 무엇보다 선수를 치는 방법이 효과적이다. 이에 대해 『손자』는 다음과 같이 말한다.

적보다 먼저 전장에 나가 상대를 기다리고 있다가 공격을 하면 여유가 있어 유리하다. 반대로 적보다 늦게 전장에 도착하면 고전을 면치 못한다.

그렇다면 선수를 칠 수 없을 경우 주도권을 잡을 수 없다는 뜻인가? 꼭 그런 것만은 아니다. '후미 공격'이라는 말도 있듯 선수를 빼앗겼다고 비관만 할 필요는 없다.

한편, 선수를 쳐서 일단 주도권을 잡았다고 해서 곧바로 안심해서는 안 되는 이유는 자신이 늦었다는 것을 알아챈 상대가 주도권을 강탈하기 위해 전력을 다해 달려들기 때문이다. 승부에서 '이제 됐어!' 하는 생각은 금물이다. 필요하다면 계속 공격해서 상대의 반격을 봉쇄하면서 승리를 노려야 한다.

주도권을 잡을 수 있는 두 번째 방법은 자신이 잘하는 자세를 취하는 것이다.

TV에서 권투 중계를 볼 때면 해설자가 "저렇게 거리를 두어서는 안 됩니다. 상대 페이스에 말릴 염려가 있어요!" 하고 말할 때가 종종 있다. 상대방의 사정거리 안에서 싸우면 아무리 기술이 뛰어나도 고전을 면치 못한다.

주도권을 잡는 행위는 바꿔 말하면 작전 선택의 폭이 넓다는 뜻이다. 그래서 자신은 자유롭게 행동하고, 상대는 움직이기 곤란

한 상태로 밀어넣을 수 있다. 적과 대치했을 때는 일단은 먼저 주
도권을 잡고, 요리는 그 다음에 천천히 생각해 볼 일이다.

善 戰 者 致 人 而 不 致 於 人
능할선 싸울전 놈자 이를치 사람인 말이을이 아닐불 이를치 어조사어 사람인

● 쇠퇴와 변화 ●

쇠퇴의 징후는 융성기에 나타나고, 새로운 변화는 침체기에 있다

衰颯的景象就在盛滿中, 發生的機緘卽在零落內 『채근담菜根談』

사람이 5, 60년을 살다 보면 자신의 체험을 바탕으로 나름대로 인생을 사는 지혜를 배우게 된다. 그런데 고전을 펼쳐 보면 그속에는 자기가 가지고 있는 지혜를 초월하는 심오한 진리가 담겨있다. 그래서 "그런 진리를 조금 더 일찍 알았더라면 인생을 지금보다 훨씬 보람 있게 살 수 있었을 텐데!" 하면서 한숨을 내쉬는 사람들이 많다.

『채근담』은 귀중한 고전 중 하나로 예부터 많은 사람들이 애독하고 있다. '쇠삽衰颯'은 쇠퇴와 같은 뜻이고 '기함機緘'은 변화라는 의미인데, 이 구절을 다시 보도록 하자.

내리막길로 가는 징후는 가장 융성한 시기에 나타나고, 새로운 것의 태동은 쇠락한 기운의 끝에 생겨난다.

이는 인생의 모든 상황에서 통하는 내용이다. 그렇다면 우리는 인생에 어떻게 대처해야만 하나? 『채근담』은 이어서 이렇게 말하고 있다.

그러므로 군자는 편안할 때는 마음을 다스려 어려울 때를 생각하고, 변화하는 상황에서는 굳게 참으며 일의 성사를 도모한다.

순조로울 때는 마음을 다잡아 변화에 대비하고, 난관에 부딪혔을 때는 참아내며 뜻을 초지일관 관철해야 한다는 뜻이다. 인생을 충실하게 살아가는 방법이라 할 만하다.

덧붙여 여기에 나오는 '백인百忍'에 관한 다음과 같은 이야기가 전해진다.

옛날 중국에 한 집에서 화목하게 살고 있는 대가족이 있었다. 왕이 그 이야기를 듣고 지방을 순시하던 중에 일부러 그 집을 찾아 화합의 비결을 물었다. 그랬더니 주인은 입을 다문 채 종이와 붓을 청하더니, 인忍이라는 글자를 백 번이나 썼다고 한다. 대가족이 화합하는 비결은 참는 것 이외에는 아무것도 없다는 뜻이다.

『채근담』은 변화에 대처해 목적을 달성하기 위해서도 이 '백인百忍'이 필요하다고 한다.

침체 국면에 접어들었을 때야말로 새로운 시작의 순간이고,

그때가 바로 '백인'의 시기이다. 시야를 넓히고 귀를 기울이면 새롭게 태동하는 소리가 들려오게 되는 것이다.

衰　颯　的　景　象　就　在　盛　滿　中,
쇠할쇠　바람소리삽　과녁적　볕경　코끼리상　이룰취　있을재　성할성　찰만　가운데중

發　生　的　機　緘　卽　在　零　落　內
쏠발　날생　과녁적　기미기　봉함함　곧즉　있을재　떨어질영　떨어질락　안내

제6부

세상을
현명하게 사는
지혜

지혜로운 자는 징조로 알아차린다

智者見於未萌 『전국책戰國策』

현대는 격심한 변화의 시대다. 정치, 경제 등 다양한 분야에서 변화의 흐름이 가속화되는 추세를 보이고 있다. 이러한 시대에 유연하게 살아가기 위해서는 항상 시대의 흐름을 정확히 읽고 변화의 징조를 깨달아 현명하게 대처해야 한다.

『전국책』에 다음과 같은 구절이 있다.

어리석은 자는 일이 되어도 모르고, 지혜로운 자는 징조로도 알아차린다.

'미맹未萌'이란 '아직 싹이 트지 않은 상태'로 사물이 형태를 드러내기 전 단계를 말한다. 지혜로운 자는 이 단계에서 움직임을 간파하고 적절한 대책을 마련하기 때문에 대응하는 데 실수가 없다. 이에 반해 어리석은 자는 사물이 형태를 드러낸 다음에도 여전히 움직임을 알아차리지 못하므로 대응이 자꾸 늦어진다.

지혜로운 사람과 어리석은 사람의 차이는 통찰력의 유무다. 변화의 시대를 살아가기 위해서는 '징조로 알아차리는' 통찰력이 필요하다. 어리석은 사람처럼 사물이 드러나도 알아채지 못한다면 쓸모가 없다.

다음은 『삼국지』의 지장인 제갈공명의 말이다.

"정치를 하는 사람은 우선 가까운 곳에 생각이 미치고, 나아가 먼 장래의 일까지도 대책을 세워놓아야 한다. 애초에 먼 장래를 생각하고 대책을 세워놓지 않으면 반드시 가까운 장래에 발목이 잡힌다. 또한 문제를 해결하기 위해서는 단편적으로 임하면 안 된다. 다시 말해서 이익을 얻으려면 손해를 감수하는 계산을 하고 있어야 하고, 성공하려면 실패했을 때를 염두에 두어야 한다."

누구보다도 정치 및 경제 분야의 지도자에게 이 통찰력이 필요하겠지만, 어찌 통찰력이 지도자에게만 중요한 것이겠는가. 평범한 사람이라도 평소에 통찰력을 키워서 자신만의 가치관을 세워놓지 않으면 곧 시대의 흐름에 뒤처져 낙오자가 되기 십상이다.

그러면 통찰력을 키우기 위해서는 무엇이 필요한가? 『전국책』은 여기까지 언급하고 있지는 않지만, 다음의 세 가지 정도를 생각해 볼 수 있겠다.

1. 역사를 공부해서 그 속을 관통하고 있는 '흥망興亡의 이치'에 통달할 것.
2. 정보에 대한 감도를 높여 정보를 분석하고 판단하는 능력을 기를 것.
3. 작은 변화도 놓치지 않도록 주의력을 높여 대처할 것.

우리가 이러한 점을 늘 염두에 두고 산다면 변화하는 시대에 발맞추어 나갈 수 있을 것이다.

智 者 見 於 未 萌
지혜 지   놈 자   볼 견   어조사 어   아닐 미   싹 맹

인생이란, 의기意氣로 통한다

人生感意氣 『당시선唐詩選』

때때로 옛날에 배운 한시漢詩 중에 떠오르는 구절이 있다. 다음은 『당시선』의 앞부분을 장식하고 있는 「술회述懷」라는 시에 나오는 구절로 유명한 부분이다. 작자인 위징魏徵은 명군으로 알려진 당唐 태종의 측근 중의 측근으로 활약한 인물이다.

태종과 그를 보좌한 중신들의 정치 문답을 정리한 것으로, 예로부터 제왕학의 원전으로 널리 읽히고 있는 고전인 『정관정요貞觀政要』에 가장 많이 등장하여 필요할 때마다 태종에게 충언을 올린 사람이 바로 위징이라는 인물이다.

위징이 처음부터 태종의 측근은 아니었다. 그는 과거에 적진의 참모로 태종에게 활을 겨눈 전력이 있는 자였다. 그러나 자신의 모든 것을 다 바쳐 태종에게 봉사하면서 크게 중용重用되었으며, 태종을 도와 당 왕조의 기초를 구축했다. 각각 왕과 보좌역이었던 두 사람의 관계를 『정관정요』는 다음과 같이 기술하고 있다.

　징은 원래가 나라를 경영할 재사인데, 성품이 워낙 강직해서 비굴
하게 굽히지 않았다. 태종이 위징을 두고 이르기를 "이제야 비로소
즐거움을 알겠구나!"라고 했다. 위징도 자기를 알아주는 주인을 만
나자 기뻐하며 모든 힘을 바쳐 태종에게 충성을 다했다.

　위징은 필요할 때 직언을 했고, 태종은 그의 직언에 귀를 기울
였다. 이는 왕과 신하의 이상적인 관계라고 할 수 있다.
　「술회」라는 시는 위징이 자신을 알아주는 태종의 은혜에 감격
하여 칭송한 시로 뒷부분은 다음과 같다.

　앞날의 곤란을 헤쳐나가기 어렵지만
　국사國士의 대우를 해주신 폐하의 깊은 은혜를 어찌 다 갚을까?
　계포季布는 한번 받아들인 일은 반드시 실행을 하고
　후영侯嬴은 한마디의 약속도 중히 여겨 목숨을 버린다
　인생은 의기意氣를 느끼는 것
　공명과 공훈은 처음부터 생각지 않았다

　豈不憚艱險 心懷國士恩 季布無二諾 侯嬴重一言 人生感意氣 功名誰復論

　오늘날처럼 각박한 사회 분위기 속에서 섣불리 큰 뜻에 동조
하다 보면 자신의 몸도 지켜내지 못하게 될 염려가 있다. 그렇다

고 타산적으로 돈에 얽매여 사는 것 또한 인생의 의미를 찾기가 힘들다. 인생을 풍요롭게 살기 위해서도 가능하면 뜻을 품은 인간 관계를 만들어나가야 한다.

人　生　感　意　氣
사람인　날생　느낄감　뜻의　기운기

생각이 지나치면
너무 살펴서 의심이 많아진다

明極則過察而多疑 『근사록近思錄』

'명明'이란 깊이 읽어낼 수 있는 능력으로 통찰력이라고 해도 좋다. 통찰력이 없으면 손해 보는 일만 많아져 힘든 현실을 살아가기가 어렵다.

가령 사업을 보자. 사업을 성공시키기 위해서는 상대방이 무슨 생각을 하고 있는지, 자신은 지금 어떠한 처지에 놓여 있는지 정확히 인식하고 대처해야 한다. 그러지 않으면 열심히 노력하고도 성과는 적을 수밖에 없다. 상황을 읽어내는 힘이 바로 '명'이다. 그러면 이 '명'은 어떻게 기를 수 있을까?

우선 고전과 역사를 통해 선조들의 지혜를 배우는 방법이 있다. 배워도 소화해 내지 못하면 살아 있는 지혜로서 자기 것이 될 수가 없다.

그래서 필요한 것이 실전 체험인데, 때로는 손해도 보고 때로는 아픈 상황을 만나기도 하면서 경험을 축적해 나가야 한다. 이 두 가지를 부지런히 하다 보면 '명'을 상당히 키울 수가 있다. 그리고 이것은 인생을 살아가기 위해서도, 사업을 성공시키기 위해서도 반드시 유력한 무기가 된다.

단, 이 '명'에도 함정이 있는데, 명이 지나치면 너무 살피다 보니 의심이 많아진다는 것이다. 다시 말해서 '명'이 극단적으로 가면 작은 것까지 지나치게 들여다보기 때문에 의심과 혼란만 많아진다는 뜻이다. 일리 있는 이야기다.

이는 특히 조직의 리더가 스스로 경계해야 할 부분이다. 리더가 작은 데까지 지나치게 신경쓰다 보면 이것저것 배려하고 고려하다가 정작 중요한 순간에 결단을 내리기가 힘들어진다. 그런 식으로는 리더로서 역할을 제대로 할 수가 없다. 이것을 피하기 위해서는 중요한 핵심만 명확히 파악하고 비중이 덜한 부분은 과감하게 버릴 줄 알아야 한다. 설령 봤으면서도 마치 못 본 것처럼 연기할 줄도 알아야 하는 것이다.

'명'을 발휘하기 위해서는 정확한 정보가 필요한데, 현대사회는 정보가 지나치게 많다. 이러한 정보들 중에는 의외로 쓸데없는 것들이 대부분을 차지하고 있으며, 정말로 중요한 정보는 적다. 따라서 상당히 신중하게 대처하지 않으면 불필요한 정보에 이끌려 판단을 그르치기가 쉽다.

정보를 선택하기 위해서도 '명'이 필요하지만, 반대로 너무 집착하면 의심만 많아질 뿐이다. 이 부분을 잘 조절해 나가야 성공할 수 있다.

明　極　則　過　察　而　多　疑
밝을 명　다할 극　곧 즉　지날 과　살필 찰　말 이을 이　많을 다　의심할 의

군자는 능력과 재능을 품고, 때를 기다려 움직인다

君子藏器於身, 待時而動 『역경易經』

'군자君子'는 쉽게 말하면 신사, 즉 훌륭한 인물이다. '기器'는 능력과 재능을 가리킨다. 능력과 재능은 개인차가 있으며, 극히 소수이긴 하지만 뛰어난 소질을 갖고 태어나는 이른바 '천재'들이 있다. 한편 연마하고 노력해도 안 되는 사람들도 있는데, 이들도 비교적 몇 안 되는 편이다. 압도적으로 많은 중간 정도에 속하는 사람들은 소질 면에서 보면 큰 차이가 없으며, 혹시 있다고 해도 극히 적다.

그러나 소질이란 노력하지 않으면 꽃을 피울 수가 없다.

같은 소질이라도 노력을 한 사람과 게을리한 사람 간에는 차이가 점점 벌어지게 마련이다. 군자가 되고 싶은 사람은 우선 자기계발을 게을리하면 안 된다. 능력과 재능은 가능한 한 마음속에 넣어두고 밖으로 표출하지 말아야 한다.

일을 잘하는 사람과 수완이 좋은 사람은 종종 "내가 할 수 있어!"라든지 "내가, 내가……." 하는 느낌을 얼굴 표정이나 태도를 통해 드러내기가 쉽다. 그러나 이것은 별로 좋은 모습이 아니다. 이런 식으로는 어떠한 조직이나 사회에서도 주변의 반발을 살 수밖에 없다. 그 결과 생각지도 못한 곳에서 발목을 잡힐 수가 있다. 오늘날 기업사회를 보고 있으면 이렇게 스스로 자신을 망치는 사람들이 의외로 많다.

생각해 보면 이것처럼 안된 일이 없다. 재능을 품는다는 말은 바로 이 점을 경고하고 있으며, 때를 기다린다는 것에 관해서는 특별히 설명할 필요가 없을 줄로 안다.

인생도 사업도 움직여서 좋은 때가 있고, 해도 안 되는 때가 있다. 형세가 불리하면 묵묵히 실력을 쌓으면서 움직이지 말고 가만히 때를 기다리는 것이 좋다. 경솔하게 움직이다 보면 결국 손해만 보기 십상이다. 대신에 기회라고 생각하면 재빠르게 행동해야 한다.

그래야 싸움을 유리하게 이끌어나갈 수 있으며, 승리의 기쁨을 만끽할 수 있다. 군자는 이러한 마음가짐을 가진 사람이라고 한다.

공자도『논어』에서 "군자는 말에는 어눌하고 행하는 데는 민첩함을 추구한다."라고 말하고 있다. 이를 4자성어로 말하면 '눌언민행訥言敏行'이 되는데, 『역경』에서 말하는 것과 같은 의미라고 할 수 있다.

君 子 臟 器 於 身, 待 時 而 動

임금군　아들자　거둘장　그릇기　어조사어　몸신　기다릴대　때시　말이을이　움직일동

● 양진의 4지 ●

하늘과 신과 나와 당신이 아는데
어째서 아무도 모른다고 말하는가

天知, 神知, 我知, 子知, 何謂無知 『후한서後漢書』

후한 왕조後漢王朝 시대에 양진楊震이라는 청렴한 관리가 있었다. 그가 어느 군의 태수太守로 부임했을 때의 이야기다.

밤늦게 현령縣令*이 그를 찾아와 대충 인사를 하더니, "부디 이것을 받아주십시오." 하고 말하며 금 열 냥을 내밀었다. 지금의 화폐단위로 바꾸면 수천만 원 정도의 가치가 있는 물건이었다. 현령으로서는 아마도 "앞으로 잘 부탁합니다." 하는 마음이었을 것이다.

양진이 "이런 물건은 받을 수가 없소." 하고 잘라 말하자 현령은 한층 더욱 은밀한 태도로 "이렇게 깊은 밤에 그 누가 알겠습니까?"라고 말하며 매달렸다.

그러자 양진이 다음과 같이 말했다.

"하늘이 알고, 신이 알고, 내가 알고, 당신이 알고 있소. 어째서 아무도 모른다고 합니까?"

현령은 부끄러워하며 황급히 물러났다.

'양진의 4지知'로 전해 오는 유명한 이야기다.

예나 지금이나 동東이나 서西나 관리들 사이에서 뇌물을 주고받는 것은 그치지 않는 것 같다. 오죽하면 "3년 현령을 지내면 일생을 먹고 산다."라는 속담까지 생겨났겠는가. 예나 지금이나 관리들의 뇌물과 리베이트는 큰 문제였다. 대부분의 공무원들은 청렴결백하지만, 극히 일부가 종종 불상사를 일으키는 것이다. 그래서 양진과 같은 청렴한 관리가 더 빛나는지도 모르겠다.

몇 푼 안 되는 돈에 눈이 돌아가 스스로 일생을 망치는 것은, 생각해 보면 한심한 일이다. 공직에 있는 사람은 항상 '양진의 4지'를 가슴에 새기고 자세를 바로 해야 할 필요가 있다.

이런 점에서 볼 때 현대에 와서도 가장 문제가 정치가들이다. 정치가들 중에는 눈이 벌게서 이권을 찾아다니고 부정한 돈까지 태연하게 받아 챙기는 사람들이 있다. 자기들은 이 모양이면서 공무원에게만 청렴하라고 한다면 어딘지 앞뒤가 맞지 않는다.

그러나 공무원이 정치가를 흉내 내어 똑같이 하려 든다면 그야말로 세상이 암흑천지가 될 일이다. 자신의 입장을 자각하고 쓸데없는 유혹에 넘어가지 않도록 항상 스스로 다잡을 필요가 있다.

현령縣令: 옛날 중국에서는 군郡이 현縣보다 상위 지방 단위로 군 태수가 현령보다 직위가 높았다.

天　知,　神　知,　我　知,
하늘 천　알 지　귀신 신　알 지　나 아　알 지

子　知,　何　謂　無　知
그대 자　알 지　어찌 하　이를 위　없을 무　알 지

군자는 도리를 다하고 하늘의 뜻을 기다리며,
소인은 옳게 하지도 않고 요행을 바란다

君子居易以俟命, 小人行險以徼幸 『중용中庸』

제 할 바를 잘하고 하늘의 뜻을 기다린다.

이 말은 주어진 장소에서 주어진 책임만을 생각하고 다른 일
은 염두에 두지 않으며, 그 결과가 어떻게 될지는 하늘의 뜻에 맡
긴다는 의미다.

만약 지금 기업의 과장이라고 하자. 과장일 때는 과장의 책무
에 전력을 기울인다. 이 일을 완수하면 점수가 올라간다든가 잘하
면 부장으로 발탁될 수도 있다고 기대하기 때문에 쓸데없는 생각
은 일체 하지 않는 것이 보통이다. 그저 묵묵하게 자기에게 주어
진 일에 몰두하는 것이다. '할 도리를 다하고 하늘의 뜻을 기다리
는' 생활방식이야말로 군자의 삶이라고 할 수 있다. 이러한 생활방

식을 두고 군자의 삶이라 한다.

이렇게 살 수만 있다면 일의 성과도 올리고, 주위의 신뢰도 동시에 얻을 수 있다.

또 하나, "험하게 하고 행운을 기대한다." 하는 말은 위험한 일에 손을 뻗은 다음 행운을 기대한다는 의미다. 일확천금을 노리고 노름에 빠지는 일이 그 한 예라 할 수 있다. 소인, 즉 어리석은 사람들은 긍정적인 측면만을 생각하면서 험하게 하고 행운을 기대하는 쪽으로 기울기 쉽다. 냉정하게 생각해 보면 '행운[幸]'이 따르기란 극히 희박하다. 오히려 손에 넣어도 대부분 오래가지 못한다. 그런데도 어느 시대에나 '불 속으로 뛰어드는 나방'들이 끊이지 않는 이유는 '어쩌면'이라는 유혹에 지기 때문이다. 바로 이 점이 인간의 약한 부분 중 하나다.

근래 들어 주가가 불안정한 가운데 내가 아는 경영자도 상당히 손해를 본 듯하다. 언젠가 함께 운동하던 중에 "역시 본업에 충실한 게 최고야."라고 중얼거리는 모습이 인상적이었던 걸로 기억한다.

그 친구 이외에도 비슷한 경험을 한 사람들이 꽤 있는 것 같다. 주식을 하지 말라는 소리가 아니다. 자금에 여유가 있으면 위험 분산을 위해서 주식투자를 할 수도 있다. 그러나 대책 없이 빠져들어 행운을 기대하다 보면 언젠가는 파산을 면하기가 어렵다.

경영만이 아니다. 처음부터 끝까지 도박처럼 행운을 기대한

다면 제대로 된 사람이라고 할 수 없다. 힘들더라도 눈앞의 산을
하나씩 착실히 넘어갈 때 비로소 밝은 장래를 기대할 수 있다.

君 子 居 易 以 俟 命,
임금 군　아들 자　있을 거　쉬울 이　써 이　기다릴 사　목숨 명

小 人 行 險 以 徼 幸
작을 소　사람 인　갈 행　험할 험　써 이　구할 요　다행 행

위로 갈수록 눈, 귀가 멀고 그것을 막는 자들이 많아진다

愈上則愈聾瞽, 其壅蔽者衆也 『신음어呻吟語』

"부하가 상사를 이해하는 데는 3일이 걸리지만, 상사가 부하를 이해하려면 3년이 걸린다."라고 말하는 이가 있다. 약간 극단적이긴 하지만, 부정만 할 수 없는 일면이 있다. 여기에 인용한 『신음어』의 구절이 이와 관련된 내용이다.

지위가 높아지면 높아질수록 눈과 귀가 멀어진다. 그 이유는 주변에서 많은 사람들이 그의 눈과 귀를 막기 때문이다.

이러한 현상은 조직을 둘러싸고 항상 일어나는 문제로 예나 지금이나 다르지 않다. 그 결과 사내社內의 모든 사람들이 다 알고 있는데 사장만 모르는 슬픈 희극도 벌어진다.

『신음어』는 계속해서 "반대로 지위가 아래로 내려가면 내려갈

수록 눈과 귀가 열린다."고 말한다. 이는 그러한 상황들이 들리고 보이기 때문이다. 한편 "지위가 높은 사람의 귀에 들어가지 않는 지금의 현실은 애석한 일이다."라고 한탄하고 있다.

왜 그럴까? 우선 부하의 입장에서 보면 사람은 누구나 자신을 가장 소중하게 여기기 때문에 괜하게 어설픈 짓을 해서 윗사람에게 미움을 받거나 도외시된다면 손해라고 생각하기 때문이다. 그래서 섣불리 말할 수가 없는 것이다. 말하지 않는다고 책임을 물을 수는 없다. 왜냐하면 이는 인간의 속성이기 때문이다.

반대로 윗사람의 입장에서 보면 어떨까?

언젠가 알고 지내는 사장과 술자리를 함께 했는데, 그 사장이 "이러니저러니 해도 아부하며 달라붙는 부하가 사랑스러워요." 하고 씁쓸하게 웃으며 말했다. 귀에 거슬리는 말은 누구의 말이라도 듣기 싫어하는 것 또한 인간의 본성이다. 그러나 이것도 지나치면 주변에는 아첨배들 일색이 된다.

윗사람이나 아랫사람이나 모두 각자 나름대로 사정이 있게 마련이며, 윗사람은 정보차단 상태에 빠지기가 더욱 쉽다.

이를 방지하려면 어떻게 해야 할까? 결국은 윗사람 스스로 경계하는 수밖에 없다. 우선 조직의 분위기가 좋아지게 환경을 만들어주고, 평소에 부하가 듣기 싫은 이야기를 해도 싫은 내색을 하지 말고 경청해 주어야 한다. 윗사람이 이런 식으로 계속 노력하다 보면 언젠가는 부하에게 얻기 힘든 정보까지 들어올 날이 있지 않을까?

愈　上　則　愈　聾　瞽,
나을유　위상　곧즉　나을유　귀머거리농　소경고

其　壅　敝　者　衆　也
그기　막을옹　해질폐　놈자　무리중　어조사야

현명함을 내세우면 사람을 잃고, 현명함을 낮추면 사람을 얻는다

以賢臨人, 未有得人者也 以賢下人, 未有不得人者也 『장자莊子』

옛날 제齊나라에 관중管仲이라는 명제상이 있었다. 관중이 병으로 쓰러져 임종을 앞두고 있을 때, 환공桓公이 일부러 병상에 찾아와서 후계자의 인사 문제에 대한 의견을 물었다고 한다.

이때 관중은 습붕隰朋이라는 인물을 추천하며, 그 이유를 다음과 같이 들었다.

"이자는 황제黃帝에 미치지 못함이 부끄러워 스스로의 부족함을 애석해하며 지닌 덕을 사람에게 나누니 이를 성인[聖]이라 하고, 재물을 사람과 나누니 이를 현인[賢]이라고 합니다. 현賢을 자랑해 사람을 얻은 자를 아직 보지 못했고, 현을 낮추어 사람을 얻지 못한 이를 보지 못했사옵니다. 어쩔 수 없다면 저는 습붕이 가可하리라 생각되옵니다.

그는 옛날 성인聖人이었던 황제黃帝에 미치지 못함을 부끄러워하여 항상 노력하는 한편, 아랫사람에게는 언제나 친절하게 대합니다. 덕을 다른 이들과 나누는 사람을 성인聖人, 재물을 나누는 인물을 현인賢人이라 합니다. 나누는 것을 내세워 사람들을 함부로 대하면 모두 싫어할 것이며, 겸허한 태도로 나눈다면 사람들의 지지를 얻을 수가 있습니다. 습붕이 바로 이런 인물인데, 특별히 다른 사람이 없다면 그가 후계자로 적당하다고 생각되옵니다.”

습붕은 한마디로 그의 겸허한 사람 됨됨이 덕에 좋은 평가를 받은 듯하다.

'현賢'이란 현명한 것으로 머리가 좋다는 뜻이다. 이는 뛰어난 소질로 많은 사람들이 그렇게 되기를 원한다. 하지만 어렵게 소질을 갖고 있다 해도 그것을 과시하거나 지나치게 의존하여 다른 사람을 깔본다면 오히려 없느니만 못하다.

그럴 경우 어떤 역효과가 나타날까? 적어도 다음의 두 가지를 지적할 수 있다.

첫째, 사람들의 반발을 사게 된다. 그 결과 주위 사람들에게 지지를 받지 못하여 결국은 사람들의 미움을 사서 말도 안 되는 일로 발목을 잡히는 일이 발생할 수도 있다.

둘째, 자신의 발전을 방해하여 발전할 수 있는 소질이 있어도 뻗어나가지 못하고 오히려 퇴보할 수도 있다.

이를 피하기 위해서는 '현명[賢]'한 사람일수록 겸허한 마음 자세를 가질 필요가 있다. '현명함'을 안으로 감추고 오히려 바보스럽게 행동하는 것으로도 적절한 균형을 얻을 수 있다. 그러나 실제로 이를 실행하는 데는 많은 어려움이 있다.

以 賢 臨 人, 未 有 得 人 者 也
써이 어질현 임할임 사람인 아닐미 있을유 얻을득 사람인 놈자 어조사야

以 賢 下 人, 未 有 不 得 人 者 也
써이 어질현 아래하 사람인 아닐미 있을유 아닐부 얻을득 사람인 놈자 어조사야

인생은 문틈으로 백마가 달리는 모습을 보는 것과 같다

人生如白駒過隙 『십팔사략十八史略』

'백구白駒'란 하얀 말이고, '극隙'이란 문틈을 말한다. 백마가 달리는 모습이 문틈으로 보이는 순간은 1초도 안 되는 찰나의 시간에 지나지 않는다. 우리네 인생도 이와 마찬가지다.

지나고 보면 사람의 일생은 잠깐일 뿐이다. 2, 30대 때는 누구나 자신의 남은 생애가 길다고 생각한다. 그러다 50대쯤 되어 자신의 인생을 돌이켜보면 지나간 날들이 훨씬 길다는 걸 깨닫고 '눈 깜짝할 사이였구나.' 하며 탄식하는 경우가 많다. 이는 누구나 공감할 것이다.

그렇다면 이 짧은 인생을 어떻게 살아가야 할까?

『십팔사략』에 나오는 "인생은 백마가 달리는 모습을 문틈으로 보는 것과 같다." 하는 말은 "인생이란 덧없는 것이니 마음껏 즐겨야 하지 않겠는가!" 하는 의미를 포함하고 있다. 이는 모처럼 주어진 짧은 인생, 마음껏 즐기다 저 세상으로 가자는 뜻으로 이것이 선인들의 인생관인지도 모른다. 이런 관점에서 보면 옛사람들은 요즘 사람들과는 달리 인생을 즐기는 차원이 뛰어난 것으로 보인다.

인생을 즐기려면 일단 경제적 여유가 있는 편이 유리하다. 그러나 경제적 여유가 없다고 해서 즐기지 못하는 것은 아니다. 부자는 부자대로, 가난하면 가난한 대로 처지에 맞게 얼마든지 자신에게 맞는 즐거움을 누릴 수가 있다. 그리 넉넉하지 않은 생활환경 속에서도 유유하게 인생을 즐기며 살아가는 사람들은 얼마든지 있다.

삶의 질을 생각하게 되면서 사람들은 최근 들어 인생에서 일이 전부가 아니라는 생각을 하기 시작했다. 일하는 즐거움밖에 모르는 인생은 재미가 없다. 잃어버린 균형을 찾기 위해서는 생활 속에 '즐거움'이라는 요소가 필요하다. 이때 주의해야 할 점은 인생의 즐거움이란 어디까지나 일이 있은 연후의 즐거움이라는 것이다. 일은 내팽개치고 즐거움만 추구한다면 모처럼 느끼는 즐거움의 의미가 사라져버리게 된다. 사회인으로서 자신의 위치에서 맡은 바 책임을 충실하게 수행하고, 동시에 자신에게 맞는 즐거움을 발견하여 생활 속에서 영위해 나가야 한다. 이 두 가지가 적절히 조화를 이루어야 자신의 인생을 충실하게 살아갈 수 있게 된다.

人 生 如 白 駒 過 隙
사람인　날생　같을여　흰백　망아지구　지날과　틈극

● 군자의 인간관계 ●

군자의 사귐은
그 담담함이 물과 같다

君子之交淡若水 『장자莊子』

꽤 유명한 말이라 들어본 사람들도 많을 것이다. 『장자』의 원문을 좀더 인용하면 다음과 같다.

이익을 보고 사귄 사람은 어려움에 처하면 버리고, 순수하게 사귄 사람은 어려움에 처했을 때 돕는다. 돕는 것과 버리는 것이 아주 멀다. 일찍이 군자는 사귐에 있어 그 담담淡淡함이 물과 같고, 소인의 사귐은 달콤한 감주와 같다. 군자는 담담하지만 친하고, 소인은 달지만 버린다. 이유를 가지고 만난 사람은 그 이유가 없어지면 떠나간다.

위의 말은 "군자는 사람을 사귈 때 물과 같이 담담한 만남을 생각하기 때문에 언제까지나 지속이 가능하다. 이에 반해 소인은 감주처럼 끈적끈적하기에 금세 사이가 좋아지지만, 그만큼 이별도 빠르다. 달콤한 만남은 빨리 질려버린다." 하는 뜻으로 부정할 수 없는 일면이 있다.

인간관계에서 어려운 점이 바로 간격을 두는 일이다. 모든 상대가 길거리 행인이거나 전혀 모르는 타인 같다면 오히려 부담 없이 대할 수 있어 인간관계의 번거로움을 피하기가 쉬울 수도 있겠다. 하지만 이는 한 사람의 사회인으로 살아가는 한 기대할 수 없는 일이다. 현실은 좋든 싫든 다양한 인간관계 속에서 살아갈 수밖에 없다. 선인들도 모두 이 문제로 고통을 받거나 고민을 했다.

고전을 읽어보면 인간관계에서 간격을 두는 몇 가지 적절한 충고를 찾아낼 수가 있다. "담담함이 물과 같다." 하는 구절과 함께 새겨볼 만한 두 가지 이야기를 소개하겠다.

우선 『논어』이다. 한번은 공자가 친구와 사귀는 방법에 대한 질문을 받고 이렇게 대답했다.

충고해서 이를 선도하고, 불가하면 즉시 그친다. 스스로 부끄럽게 하지 마라.

위 내용은 상대방이 잘못되었을 때는 충고해서 좋은 방향으로 인도하되 만약 상대방이 충고를 듣지 않을 경우에는 잠시 지켜보라는 뜻으로, 선의를 억지로 강요해서 오히려 안 좋게 생각하도록 만드는 일은 피하라는 의미다.

또 하나는 『신음어呻吟語』의 충고다.

　수양을 많이 한 사람은 윗사람을 대할 때 조심스러운 태도가 흐트러지지 않으며, 아랫사람을 대할 때는 태연하면서도 자상하게 배려한다. 또한 육친에게는 애정을 가지고 대하며 식상한 태도를 취하지 않는다. 한편, 소외된 사람을 대할 때는 진심을 다하면서 감히 밀쳐내지 않는다.

君　子　之　交　淡　若　水
임금군　아들자　갈지　사귈교　묽을담　같을약　물수

선인들의 지혜와 업적을 배워
덕을 쌓는다

識前言往行, 以畜其德 『역경易經』

신뢰받는 사회인으로 세상을 살아가려면 어떤 조건이 필요할까? 고전에서는 이에 대해 다양한 해법을 들고 있는데, 그 핵심은 다음의 두 가지로 정리할 수 있다.

첫째는 능력으로, 주어진 곳에서 맡은 바 책임을 충실하게 수행하는 것이다. 그 정도의 능력이 없다면 말이 안 된다. 단, 능력이 있다고 항상 칭찬받는 것은 아니다. 어디까지나 능력은 최소한의 조건일 뿐이다. 따라서 대수롭지 않은 능력에 대해 스스로 자랑한다면 사회인으로서 실격이라고 해도 할 말이 없다.

둘째 덕德이다. 주위의 믿음을 얻으려면 덕이 있어야 한다.

능력과 덕은 수레의 양쪽 바퀴 같은 존재로, 어느 한쪽이 모자랄 경우 사회인으로서 자신에게 걸맞은 신뢰를 얻을 수가 없다.

그렇다면 어떻게 덕을 쌓아야 할까?

『역경』은 '전언왕행前言往行'을 배우라고 한다. '전언왕행'이란 뛰어난 선인의 가르침 즉 지혜와 업적을 말하는데, 이는 고전과 역사책에 기록되어 있다. 그러므로 이와 관련된 책을 많이 읽는 것이 좋다.

한편 고전에도 여러 종류가 있는데, 중국 고전은 보통 실천적 가르침이 풍부하다. 즉, 사회인으로서 필요한 조건과 인간관계, 어려운 현실을 이겨내는 방법과 나아가 조직의 리더에게 필요한 조건 등에 대해 실천 가능한 지침을 다각적으로 설명해 놓은 것이 중국 고전이다. 중국 고전에는 자신의 생각과 살아가는 방법을 반성하는 데 참고가 될 만한 내용이 상당히 많다.

물론 고전을 특별히 공부하지 않아도 인생을 살다 보면 누구나 자신의 체험을 바탕으로 나름대로의 지혜를 깨닫게 된다. 그러나 중국 고전을 펼쳐 보면 자신의 체험을 훨씬 뛰어넘는 훌륭한 지혜에 관한 내용이 엄청나게 많다는 사실에 놀라지 않을 수 없다. 그런데도 중국 고전을 읽는 데 소홀히 한다면 이는 너무도 애석한 일이다.

한편 역사책도 이와 비슷한 맥락인데, 역사책에는 선인들의 업적에 관한 기록이 풍부하다. 역사책을 읽어서 선인들의 훌륭한 삶의 방식을 배울 수만 있다면 자신의 덕을 쌓는 데 많은 도움이 될 것이다.

가능하면 이러한 책들을 가까이하여 자신의 삶을 뒤돌아보기
바란다.

識 前 言 往 行, 以 畜 其 德
알식　앞전　말씀언　갈왕　갈행　써이　쌓을축　그기　덕덕

소질은 서로 비슷하고, 배움은 서로 멀다

性相近也, 習相遠也 『논어論語』

'성性'이란 태어날 때부터 가지고 있는 소질이며, '상근相近'이란 서로 닮아 큰 차이가 없다는 의미다. '배움[習]은 상원相遠'이라는 말은 나중에 배우는 습관의 차이에 따라 점점 격차가 벌어진다는 뜻이다. '습[習]'은 배움이라는 의미지만, 그 속에는 환경과 경험 그리고 본인의 노력이 포함되어 있다.

물론 특별히 뛰어난 능력을 갖고 태어난 사람도 있으나, 이들의 숫자는 극히 적다. 또한 반대로 갈고닦아도 어쩔 수 없는 사람들도 있는데, 이들 역시 미미한 수에 불과하다. 그러나 소수이기는 하지만 이 두 종류의 사람들이 있다는 점은 공자도 인정했다. 이들을 제외한 대부분의 경우가 노력하면 빛이 나는 소질을 갖고 태어난 사람들이다. 그러므로 "소질은 가깝고 배움은 멀다."라는 말은 보통 사람들을 격려하기 위한 문구가 아닐까 생각한다.

‘습’에서 공자가 특히 강조하는 부분은 본인의 의욕, 다시 말해 ‘하고자 하는 마음’이다. 공자는 의욕이 없는 사람은 아무것도 할 수가 없다고 『논어』에서 반복해서 강조하고 있다.

포식을 한 후 하루 종일 아무것도 하지 않는다면 한심하기 그지 없다. 놀기라도 해라. 이것이 아무 일도 하지 않는 것보다는 낫다.

하루 종일 먹고 마시고 머리도 쓰지 않고 뒹굴뒹굴 노는 사람들은 어디에도 쓸모가 없다. 바둑이든 놀이든 정말 다양하지 않은가? 아무 일도 하지 않고 있느니 놀이라도 하는 편이 더 낫다는 뜻이다.

또한, 하루는 염구冉求라는 제자가 "선생님의 가르침은 고맙게 받고 있습니다만, 저는 재주가 모자란 탓인지 따라갈 수가 없습니다." 하고 한탄하자 공자는 이렇게 대답했다.

"능력이 안 되는 자는 도중에 가서 그만둔다. 그런데 지금 너는 미리부터 한계를 정하고 있구나."

이는 "정말로 능력이 모자라서 나중에 낙오하더라도 어쨌든 최선을 다해 보는 것이 좋다. 그런데 너는 시작도 하기 전에 한계부터 말하고 있다. 두려워 말고 도전 정신을 불태워 보라."라는 의미다. 공자는 스스로 이 정신을 실천한 사람이다.

침묵하면서 깨닫고 배움에 질리지 않고 다른 사람에게 배움을 피곤해하지 않는다. 이 정도는 나도 할 수 있지 않은가?

침묵하면서 사색을 하고 학문을 하는 데 끊임이 없고 배움에 피곤함을 모른다. 이 정도라면 나 같은 인간도 무리 없이 할 수 있지 않느냐는 의미다.

누구나 적극적인 생활방식을 몸에 익혀 보잘것없는 소질이라도 계발하다 보면 자신을 보다 향상시킬 수가 있다.

性　相　近　也,　習　相　遠　也
성품 성　서로 상　가까울 근　어조사 야　익힐 습　서로 상　멀 원　어조사 야

꽃은 반쯤 피었을 때를 보고, 술은 살짝 취하도록 마신다

花看半開 酒飮微醉 『채근담菜根談』

꽃을 볼 때는 반쯤 피었을 때가 좋고, 술을 마실 때는 취기가 살짝 오르도록 마셔야 이상적이라는 뜻이다. 왜일까? 활짝 핀[滿開] 꽃은 분명 아름답지만, 곧 질리게 되어 있다. 그보다는 반쯤 피어 있는 꽃이 오히려 정취가 있어 좋다.

술도 마찬가지다. 만취해 버리면 무엇을 해도 알지 못하고 모처럼의 즐거움이 고통으로 변한다. 또한 추태를 부리는 사람이라도 보게 되면 흥이 달아나 버린다. 그래서 적당히 취하도록 마시는 주도酒道가 필요한지도 모른다.

어디 꽃이나 술뿐만이겠는가? "지나친 것은 모자라느니만 못하다!"라는 말처럼 인생이란 모두 이와 같다.

『채근담』도 다음과 같이 덧붙이고 있다.

영만盈滿을 얻은 자는 이것을 생각하라.

'영만'이란 풍족한 상태를 말한다. 풍족한 사람은 이에 대해 잘 생각하라는 의미다. 풍족함은 누구나 바라는 바지만, 풍족하다고 해서 반드시 행복하다고 할 수는 없다.

주위에서 볼 때 매우 자유롭고 걱정이 없어 보이는 사람이 있다. 그런데 그런 사람에게 의외로 심각한 고민거리가 생기는 일이 종종 있다. 충만함은 오래 지속되지 않는다. 아니, 충만한 단계에 오르면 만개한 꽃이 곧 시들어버리듯이 바닥으로 떨어지게 될 날이 가까워질 수도 있다는 사실을 각오해야 한다. 또한 그러는 한편 고민이 점점 더 깊어질 수도 있다. 따라서 '영만'이란 그다지 좋은 상태가 아니다. 오히려 그 상태까지 가지 않고 적정한 상태를 유지하는 것이 더욱 이상적일 수 있다.

중국의 우화 중에 이런 이야기가 있다.

옛날에 가난한 남자가 신령에게 빌었다.

"신이시여! 가난은 이제 지쳤습니다. 큰 부자는 바라지도 않습니다. 원하건대 보통 사람처럼만 살게 해주기를 간절히 바랍니다."

그랬더니 신령이 나타나 이렇게 말했다.

"고약한 놈이로구나! 보통 사람의 삶이야말로 모든 이들이 바라는 이상적인 삶이거늘. 그것을 이리도 수월하게 얻으려 한단 말이냐. 큰 부자가 되고 싶다거나 지금까지의 생활로 족하다거나 어느 쪽이든 결정해서 다시 오거라."

이것은 물론 우화에 지나지 않지만, 바람직한 삶에 대한 인간의 심리를 상징적으로 엿볼 수 있는 부분이다. "꽃은 반쯤 핀[半開] 것을 보라." 다시 한 번 이 말을 곱씹어 본다.

花 看 半 開, 酒 飮 微 醉
꽃화 볼간 반반 열개 술주 마실음 작을미 취할취

책을 많이 읽는 것보다는
핵심을 파악하라

書不必多看, 要知其約 『근사록近思錄』

송宋나라 때에 정이천程伊川이라는 대학자가 있었다. 주자朱子의 스승으로 알려진 인물이니 그야말로 큰 학자라 할 수 있다.

다음은 어느 날 제자가 그에게 학문하는 방법에 대해서 묻자 "모름지기 책을 읽으라." 하고 전제한 후에 한 말이다.

책을 많이 읽는 것보다는 핵심을 파악하라.

그리고 다음의 말도 덧붙였다.

많이 보고도 그 핵심을 모르는 자는 서사書肆일 뿐이다.

서사, 즉 책방 주인과 다를 바 없다는 말이다.

"지금 업계에서는 세대교체가 한창 진행 중인데, 2세대 경영인들에게 충고가 될 만한 이야기를 부탁드립니다."

한 잡지사에서 이런 의뢰를 받았다.

세계 경제가 알 수 없는 혼돈의 상황에서 21세기를 맞이하고 있다. 이럴 때 경영의 키를 잡게 된 경영자들의 고통은 이루 말할 수 없이 클 것이다. 물론 당장은 열심히 하는 것이 최우선이겠지만, 다음의 두 가지 이야기가 도움이 되었으면 한다.

첫째, 고생을 마다하지 말라. 우리 세대는 대개가 맨몸으로 경제를 일으켜 세우고 흥망성쇠를 되풀이하며 오늘의 기초를 닦았다. 그래서인지 세련되지 못한 구석이 있기는 하지만, 그만큼 박력 있는 사람들이 많다. 반면, 요즘의 젊은 세대들을 보면 산뜻하고 잘 놀기는 하지만 어딘지 나약함이 느껴진다. 이 차이는 물론 경험의 차이에서 나오는 것이다.

경영 노하우와 감각을 익히기 위해서는 역시 실전에 뛰어들어 경험을 축적하면서 체득하는 방법이 가장 좋다. 2세대들에게 요구되는 점이 바로 이 부분이다. 그러나 일에만 빠져 있으면 아무래도 시야가 좁아질 우려가 있다. 시야를 넓히기 위해서는 책을 읽어 타인의 지혜와 경험을 배울 필요가 있다.

그렇다면 무엇을 어떻게 읽어야 할 것인가? 나는 베스트셀러와 화제의 책만을 쫓아다니는 것보다는 고전과 역사를 읽으라고 권하고 싶다. 예를 들어 『논어』, 『손자』, 『한비자』 또는 『사기』, 『삼국지』 등의 책을 읽으면 스스로 인간에 대한 이해가 깊어져 시대와 사회를 보는 통찰력이 길러진다.

그렇다면 위에서 말한 책들을 어떻게 읽어야 하는가? 『근사
록』의 구절에 참고가 될 만한 내용이 있어 소개한다.

반드시 많이 읽을 필요는 없다. 많이 읽는 것보다는 책이 말하고
있는 핵심을 간파하도록 유의하면서 읽는 것이 좋다.

실생활에 적용할 수 있는 지식을 얻으려면 이러한 독서가 가
장 실천적인 방법이라고 할 수 있다.

書　不　必　多　看, 要　知　其　約
쓸서　아닐불　반드시필　많을다　볼간　구할요　알지　그기　묶을약

아는 것이 어려운 게 아니라,
행하는 것이 어렵다

非知之艱, 行之惟艱 『서경書經』

현대의 정보량은 예전에 비해 비교할 수 없을 정도로 많아진 게 사실이다. 그러나 그 정보들은 있어도 그만, 없어도 그만인 무가치한 것들로 가득 차 있다. TV의 연예 프로그램이나 여성잡지를 보자. 귀중한 지면과 시간을 버려가면서 "누구와 누가 어떻다더라." 하는 식의 정보가 끊임없이 반복되어 나오고 있다. 이런 정보들은 아무리 많이 봐도 결코 현명한 사람이 될 수가 없다.

정치가가 형편없어졌다고 말하는 사람들이 있다. 이는 물론 부정할 수 없는 부분도 있지만, 정치가들을 지탱시켜 주는 사람이 바로 국민이다. 정치가가 타락했다고 한다면 두말할 필요 없이 그들을 뽑은 국민들도 똑같다는 이야기다. 뒤늦게 탄식해 봐야 소용없는 일이다.

그렇다면 타락한 국민들이 많아지는 이유는 무엇인가? 가치 없는 정보만 받아들이고, 그보다 훨씬 중요한 인간학과 세상 사는 지혜를 배우는 데 소홀히 했기 때문에 갈수록 식견이 좁아지고 있는 것이다.

인간학의 보고인 고전을 보라. 옛사람들은 고전을 가까이 두고서 스스로 식견을 넓히고 인간의 도리를 배웠다. 반면에 요즘 사람들이 야무지지 못한 것은 그 전통을 잃어버렸기 때문이라고 말하는 이들도 있다. 맞는 말이다.

최근에 중국 고전들이 다시 평가되고 있다. 그 때문인지 요즘 들어 중국 고전을 읽는 사람들이 점점 늘고 있다. 바람직한 현상이다.

중국 고전은 원리원칙을 말하고 있으며, 평범하다면 평범한 내용 일색이다.

그런데 많은 사람들이 중국 고전은 어렵다는 선입견을 가지고 있어 쉽게 손이 가지 않는다고 말하는 경우가 꽤 있다. 만약 그렇게 느끼고 있다면 수많은 중국 고전과 관련된 책 중에서 쉽게 정리한 것을 찾아서 읽어보라고 권하고 싶다.

한편, 중국 고전은 읽어서 이해했다고 해서 그걸로 끝난 것이 아니고, 읽은 내용을 어떻게 실행할 것인가 하는 것에 원리원칙에 따른 어려움이 있다. 공자의『서경』에서도 이 점에 대해 시사하고 있다.

모든 것이 불확실한 오늘날이야말로 원리원칙에 충실할 때이다. 중국 고전을 펼쳐 들고 현대를 살아가는 지침을 헤아려 보기 바란다.

非　知　之　艱,　行　之　惟　艱
아닐비　알지　갈지　어려울간　갈행　갈지　오직유　어려울간

옛것을 연구해서
새것을 안다

溫故知新 『논어論語』

　　'온고지신溫故知新'은 옛것을 연구해서 새것을 안다는 의미로, 모르는 사람이 없을 정도로 유명한 말이다. 다시 말해 역사를 깊이 탐구함으로써 현대의 인식을 깊이 있게 한다는 의미로 받아들여도 좋다.

　　공자는 어엿한 사회인이 되려면 이러한 노력을 계속할 필요가 있다고 말한다. 한 사람의 사회인으로 격심하게 요동치는 현실을 매끄럽게 살아가기 위해서는 사회와 현실에 대해 제대로 파악할 필요가 있다. 이를 위해서는 다양한 노력이 필요한데, 역사의 경험을 배우는 것 또한 좋은 방법이다.

　　역사를 배우면 두 가지 이점이 있다.

　　첫째, 역사란 어떤 의미에서 보면 '사례 연구 참고서'라 할 수 있다. 역사책을 보면 갑이라는 정치가는 이렇게 나라를 다스려서 망했고, 또 을이라는 장군은 이렇게 싸워서 대단한 승리를 이끌어 냈다는 등 실제 사례에 관한 기록이 많이 나온다. 따라서 역사책을 읽으면 선인들의 성공과 실패에 관한 다양한 경험담을 통해 많은 교훈을 얻을 수가 있다.

둘째, 책에 나온 무수한 사례들을 통해 스스로 '흥망의 원리'를 찾아낼 수가 있다. 세계의 역사는 흥망의 역사이다. 따라서 역사책을 읽어나가다 보면 나라와 조직이 어떻게 흥하고 망했는지에 대한 원리를 알 수가 있다. 한편, 이 원리를 스스로 얻을 수만 있다면 현실의 상황에 적용해서 살아나가는 데 상당한 도움을 받을 수가 있다.

역사책에도 다양한 종류가 있는데, 단순히 교과서식으로 쓰인 책은 재미가 없다. 재미없는 책은 전공자가 아닌 다음에야 무리해서 읽어봐야 그다지 도움이 안 된다. 이런 관점에서 자신 있게 권할 수 있는 책이 바로 역사소설이다. 역사소설은 고전을 중심으로 다양한 사람들에 대해 그리고 있기 때문에 재미있게 읽을 수가 있다. 다시 말해 좋은 역사소설을 즐기면서, 그와 동시에 선인의 지혜를 배울 수 있는 것이다.

눈앞의 일에 쫓겨 허둥지둥 살다 보면 시야도 좁아지고 깊이가 없는 사람이 되기 쉽다. 한가하게 TV 앞에서 시간 가는 줄 모르고 앉아 있는 것보다는 역사책에 도전하여 선인의 지혜를 엿볼 것을 권하고 싶다.

溫　故　知　新
살필온　옛고　알지　새신

하늘의 이치는 다하면 돌아오고, 차면 줄어든다

天地之道, 極則反, 盈則損 『회남자淮南子』

극한 상태가 되면 반전해서 평상의 모습으로 돌아온다. 부풀어올라 충만해지면 이번에는 반대로 쪼그라든다. 이것이 천지의 이치다. 동動하면 반동反動이 있게 마련이다.

쉬운 예로 달의 운행을 보자. 달은 꽉 차면 다시 기울고, 기울었다가는 다시 차오르는 현상을 되풀이한다. 사계절의 순환도 이와 같아 아무리 뜨거운 여름이라도 언제까지나 계속되는 것이 아니고, 어느덧 가을이 오고 또 가을이 가고 나면 추운 겨울이 닥친다. 추운 겨울이었다가 어느 순간 봄이 되고, 다시 뜨거운 여름이 돌아온다. 이것이 천지의 이치이고 자연의 법칙이다.

우리가 사는 사회도 이러한 자연의 섭리를 피할 수가 없다. 단, 사회의 법칙은 자연의 섭리와 달라 각자의 의지와 노력에 따라 바꿔나갈 수가 있다. 이것이 천지 자연과 사회의 커다란 차이점이다.

그 어떤 기업이나 조직이 지금 번영하고 있다 해도 영원한 번영을 누린다는 보장은 없다. 국가도 마찬가지다. 한창 번영했다가도 한순간에 쇠퇴할지도 모르는 일이다.

그러나 설사 언젠가는 쇠락한다 해도 각자 얼마나 노력하느냐에 따라 번영의 시간을 좀더 길게 만들 수 있다. 그러므로 개인이건 조직이건 번영하고 있다 하더라도 방심하지 말고 쇠퇴의 씨앗을 하나씩 제거해 나가야 하는 것이다.

우리 인생도 마찬가지다.

충만한 상태는 반드시 환영할 일만은 아니다. 왜냐하면 그 앞에는 몰락이 있기 때문이다. 충만한 상태는 무엇인가 하나쯤은 문제와 고민의 씨앗을 안고 있다고 보는 편이 낫다.

충만한 상태일수록 모든 일에 세심하게 주의하면서 대처하도록 해야 한다. 반대로 사방팔방이 꽉 막혀 있다고 가정해 보자. 대부분은 그러한 현실에 답답해하겠지만,『회남자』의 가르침대로 오히려 앞에 기다리고 있는 즐거움이 더 커진다고 할 수 있다.

어려움을 당해도 당황해하지 말고 쉽게 흔들리지 않으면서 인내하고 준비하면서 도약의 계기를 만들어나가야 한다.

天　地　之　道,　極　則　反,　盈　則　損
하늘천　땅지　갈지　길도　다할극　곧즉　되돌릴반　찰영　곧즉　덜손

다른 사람이 알아주지 않는 것보다 자신의 능력이 없음을 슬퍼하라

不患人之不己知, 患己無能也 『논어論語』

조직 속에 있으면 "내가 이렇게 열심히 일하는데 왜 인정을 하지 않는 거야!" 하고 불만을 토로하는 사람을 볼 수 있다. 또 말은 하지 않아도 얼굴에 그런 감정을 드러내는 사람도 있다.

대체로 어설프게 일을 하는 사람들 중에 이런 유형이 많다. 그 결과 스스로 정체되고 자기를 포기하는 행위를 해서 귀한 재능을 발휘하지도 못하고 도태되는 사람들이 적지 않다. 이러한 현상은 본인은 물론이고 조직에도 상당히 불행한 일이다.

여기에 인용한 내용은 공자의 말이다.

다른 사람이 인정해 주지 않는다고 괴로워할 필요가 없다. 오히려 자신에게 그 정도의 실력이 준비되어 있지 못함을 걱정하라!

위에 소개한 내용은『논어』에서 거듭 볼 수 있을 만큼 공자에게도 중요한 과제 가운데 하나였던 것으로 보인다. 공자 시대에 보람 있는 일은 정치 이외에는 없었다.

공자 역시 학문을 닦아 정치에 뜻을 두었으나, 그의 '정치운'은 불우했다. 그 시대에 가난하고 신분이 낮은 가문에서 태어나 이른바 '배경'이 좋지 않았으니 어떠했겠는가. 더구나 당시는 신분제도가 엄격한 시대였고 정치는 오로지 귀족들의 전유물이었다. 당시 정치계에는 공자처럼 신분이 낮은 사람이 끼어들 틈이 없었던 것이다.

아마 공자도 '나를 인정해 주는 이가 없구나!' 하고 마음속으로 탄식하는 일이 많았으리라.

그러나 어려운 현실 속에서도 공자는 실망하지 않았다. 그는 아무리 보잘것없다 해도 자신에게 주어진 일에 전력을 기울였고, 차근차근 사람들의 신뢰를 쌓아나갔다. 그런 공자가 한 말이기에 한층 더 설득력 있게 다가오는지도 모르겠다.

인정받지 못한다고 불평과 불만만 토로하고 있으면 아무런 희망도 없다. 그럴 때일수록 밝은 얼굴로 일하면서 자신을 다스려 나가는 자세가 중요하다. 옛사람도 말하듯이 불운할 때야말로 자신을 돌보고 수양해야 할 때이다. 부정을 저지를 여유가 없다. 윗사람 또한 주위에 아첨배들만 두어서는 안 되며, 누가 성실한 사람인지 세심하게 지켜볼 필요가 있다.

不 患 人 之 不 己 知,
아닐불 근심환 사람인 갈지 아닐불 자기기 알지

患 己 無 能 也
근심환 자기기 없을무 능할능 어조사야

군자는 현재의 위치에서 최선을 다하며, 그 외의 것은 바라지 않는다

君子素其位而行, 不願乎其外 『중용中庸』

'군자'란 훌륭한 인물을 가리킨다. 군자는 현재의 지위와 입장에서 최선을 다하고, 그 밖의 일은 일체 염두에 두지 않으며, 자신의 책임을 충실히 수행하는 것만을 생각한다.

『중용』은 이 말에 이어서 다음과 같이 덧붙이고 있다.

부귀富貴의 위치에서는 부귀하게 행동하고, 빈천할 때는 빈천에 맞게 행동하고, 야만스런 곳에서는 야만인처럼 행동하고, 환난患難을 만나면 환난에 맞게 행동한다. 군자는 나서려고 뽐내지 않는다.

이를 해석하면 다음과 같다. 돈도 있고 지위도 있을 때 그것을 자랑하거나 뽐내지 말고 자신의 위치에서 당연히 해야 할 의무를 수행할 수 있도록 항상 마음을 다잡아야 한다. 가난하고 지위가 낮을 때는 또 그 입장에 맞게 행동해야 하며, 비굴해지거나 윗사람에게 아첨해서는 안 된다. 또한 이민족 사이에서 몸이 고립되어 있을 때는 자신의 주체성을 지키면서 나름대로 열심히 살아가면 그만이다. 한편, 곤란과 역경에 처했을 때는 당황하거나 소란스럽게 하지 말고 조용히 실력을 키우며 대처하면 된다는 의미다.

이와 같이 군자는 어떠한 상황에 놓여 있어도 담담하게 운명을 감수하고 그 속에서 최선을 다해 산다.

조직 내에서의 인간학도 마찬가지다. 조직에는 여러 가지 유형의 사람이 있다. 크게 나누면 조직을 지탱하는 사람과 조직에 기생하는 사람, 이 두 가지 유형으로 나눌 수 있다.

지탱하는 그룹은 현재 자신의 위치에서 묵묵히 책임을 완수해 내는 사람들이다. 이에 반해 기생하는 그룹은 자신의 급여에 상응하는 만큼의 일도 하지 않고, 다른 사람의 실적을 깎아먹는 사람들이다. 이들이 많아지면 조직은 활기를 잃게 된다.

또 대책이 서지 않는 그룹이 있는데, 이들은 도움이 될 만한 일도 하지 않으면서 불평만 늘어놓으며 조직의 이곳저곳을 떠도는 사람들이다. 어떤 조직이든 이런 유형의 사람들은 있게 마련이다. 하루빨리 구제하지 않으면 엄청난 일이 일어날 수도 있다.

조직의 구성원으로 살아가는 한 누구라도 한두 가지 불만은 있게 마련이다. 납득할 수 없는 대우를 받는 경우가 특히 그러한데, 불만족한 상황에서 대책 없이 그 일에 매달려 있어 봐야 결국

자기만 한심한 사람이 되고 만다. 그럴 때일수록 자신의 위치에 걸맞게 행동한다는 정신을 마음에 새기고 미래를 향해 나아가야 한다.

君 子 素 其 位 而 行,
임금군 아들자 횔소 그기 자리위 말이을이 갈행

不 願 乎 其 外
아닐불 원할원 어조사호 그기 밖외

항산恒産이 없으면 항심恒心이 없다

無恒産, 因無恒心 『맹자孟子』

'항산'이란 생활을 유지할 수 있는 안정된 수입과 자산이다. '항심'이란 아무리 힘들어도 나쁜 곳으로 빠지지 않는 마음이다. 지조 또는 부동심이라 해도 좋겠다. 여기에 관해 『맹자』가 언급한 구절이 있어 소개한다.

항산이 없으면서 항심이 있는 것은 단지 선비에게만 요구되는 바, 보통의 백성은 항산이 없으면 항심도 없다.

항산이 없어도 항심을 유지하는 자세는 이상적이고 바람직한 상황이라 할 수 있다. 그러나 그것은 선비에게나 가능한 일로, 보통 사람들에게는 이와 같은 자세를 기대하는 것 자체가 무리가 있다. 보통 사람은 항산이 없으면 항심을 가질 수 없으므로, 무엇보다도 안정된 생활을 보장해 줄 필요가 있다. 『맹자』는 이것이 위정자의 일이라고 주장하는 것이다.

확실히 먹고살기가 바쁘면 항심을 유지하기가 어렵다. 생활에 여유가 있으면 마음이 흔들릴 일도 적어진다.

여유를 찾으려면 생활설계를 견실하게 할 필요가 있다. 현재의 생활은 물론이고 일선에서 물러났을 때의 생활까지도 가능한 만큼의 기준을 세워두어야 한다. 그러면 어느 정도는 불안한 마음에서 해방될 수가 있다.

항산이 있다고 해서 그것이 바로 항심으로 연결되어 나타나는 것은 아니다. 성선설을 주장한 맹자는 이 점에 있어서도 간단하게 보지만은 않은 것으로 보인다.

충분한 항산을 가지고 있으면서 이에 만족하지 않고 눈이 충혈되어 이익을 추구하는 사람들이 있다. 또한 먹고사는 데 아무 지장이 없는 생활을 하면서도 마음의 공허함을 어쩌지 못하고 쓸데없이 사회의 이곳저곳을 방황하고 있는 사람들도 있다.

여기서 문제가 되는 것이 생활설계의 내용이다. 단순히 경제적인 안정을 꾀하는 것만이 항심을 갖기 위한 충분한 조건이 아니다. 경제적 안정과 동시에 인생을 어떻게 살 것인가에 대한 목표를 설정할 필요가 있다. 목표가 있을 때 비로소 항심도 생겨난다.

항심이 없으면 태도가 안정적이지 못해 보기에도 안 좋다. 이렇게 되면 사회인으로서 낙제라고 할 수 있다. 스스로 납득할 수 있는 인생을 살아가려면 항심을 가져야 하며, 그러기 위해서는 물심양면으로 생활설계를 할 필요가 있다.

無 恒 産, 因 無 恒 心
없을무 항상항 낳을산 인할인 없을무 항상항 마음심

고전의 개요

채근담 菜根譚

중국 명나라 말 홍자성이 저술한 어록 형태의 책이다. 전 2권으로 나뉘는데 전집 222조는 주로 사람들과 사귀고 일을 처리하는 과정에서 처세하는 방법과 도덕적인 가르침을, 후집 134조는 주로 자연 속에서 한가롭게 지내면서 겪는 인간사의 희로애락 등에 관한 이치를 기록하고 있다. 전집과 후집 356조는 모두 단문이지만, 대구對句를 많이 쓴 간결한 미문美文·청담淸談이다.

『채근담』의 중심사상은 유교이며, 불교와 도교도 가미되었다. 유교적인 가르침을 바탕으로 도교·불교의 가르침이 더해 이루어진 문장들로서 인생의 이치와 우주의 진리까지 담아내는 깨달음을 주는 책으로 알려져 있다. 이 책은 이른바 '동양적 인간학'을 말하는 내용으로, 제목인 '채근'은 송宋나라 왕신민汪信民의 『소학小學』가운데 "사람이 항상 채근菜根을 씹을 수 있다면 백사百事를 이룰 수 있다."에서 따온 것이다.

『구약성서』의 「지혜서」나 선가禪家의 어록을 읽는 맛을 느낄 수 있다.

덕은 재능의 주인이고, 재능은 덕의 하인이다.

청렴하지만 포용력이 있고, 생각이 있으면서도 결단력이 뛰어나다.

사람을 채용할 때 냉혹하면 의욕을 가진 사람마저 잃는다.

다른 사람의 잘못을 꾸짖을 때는 극히 엄하게 하지 마라.

벗과 사귈 때는 마땅히 3할의 의협심을 갖는다.

오래 웅크린 사람이 높이 난다.

인생에서 하나를 줄이면 그만큼 초탈할 수 있다.

쇠퇴의 징후는 융성기에 나타나고, 새로운 변화는 침체기에 있다.

꽃은 반쯤 피었을 때를 보고, 술은 살짝 취하도록 마신다.

난관에 부딪쳤을 때는 인내심을 초지일관하라.

대 학 大學

『대학』은 유교의 경전 가운데 공자의 가르침을 정통으로 나타내는 사서四書 중 중요한 경서經書로, 본래『예기』의 제42편이었던 것을 송나라의 사마광司馬光이 정리하여『대학광의大學廣義』를 만들었다. 그 후 주희朱熹(주자朱子)가『대학장구大學章句』를 만들어 경經 1장, 전傳 10장으로 구별하여 주석을 달고 이를 존중하면서 세상에 퍼지기 시작했다.

주희는 이 책을 사서 중 '초학初學의 덕德으로 들어가는 문'이라고 표현하였으며, 경은 공자의 말을 증자曾子가 기술한 것이고, 전은 증자의 뜻을 그 제자가 기술한 것이라고 단정하였다. 경에서는 명명덕明明德(명덕을 밝히는 일), 신민新民(백성을 새롭게 하는 일), 지지선止至善(지선에 머무르는 일)을 대학의 3강령三綱領이라 하였으며, 격물格物·치지致知·성의誠意·정심正心·수신修身·제가齊家·치국治國·평천하平天下의 8조목으로 정리하여 유교의 윤곽을 이루게 되었다.

나를 수양하고 집안을 돌보고, 나라를 다스린 후 천하를 통일한다.

덕이 먼저이고, 재財는 그 다음이다.

윗사람의 나쁜 점을 봤으면 자신은 부하를 그렇게 대하지 마라.

친애親愛하는 일을 삼가고, 천오賤惡하는 일을 삼가라.

오늘 새롭고, 나날이 새롭고, 또 하루가 새롭다.

소인小人은 일없이 한가하게 있을 때에는 자기 마음대로 나쁜 짓을 하게 된다.

남에게 거슬리게 말하면 역시 거슬린 말이 돌아오게 되어 있다.

민심을 얻으면 일국을 얻게 되고, 민심을 잃으면 일국을 잃게 된다.

마음이 딴 데 있으면 봐도 보이지 않고, 들어도 들리지 않고, 먹어도 그 맛을 모른다.

군자는 남이 보거나 듣지 않을 때에도 언행을 삼가고 스스로를 속이지 않는다.

삼국지 三國志

『삼국지』는 중국의 위魏·촉蜀·오吳, 3국의 정사正史로 진晉나라의 학자 진수陳壽(233~297)가 수집, 편찬하였으며『사기史記』,『한서漢書』,『후한서後漢書』와 함께 중국 전사사前四史(중국 고대의 네 사서)로 불린다. 총 60권으로 위서魏書 30권, 촉서蜀書 15권, 오서吳書 20권으로 되어 있다.

저자는 촉한蜀漢에서 벼슬을 지냈으나 촉한이 멸망하자 위나라의 조酢를 이은 진나라로 건너가 문서의 초안을 맡는 벼슬인 저작랑著作郞을 지냈다. 그 때문에 위나라를 정통으로 삼고 촉나라를 제외했다 하여 본서도 비난의 대상이 되었다. 후에 촉한을 정통으로 한『속한서續漢書』도 씌어졌는데, 엄격하게 자료를 비판하고 삼국에 공평하고 간결하게 기술하여 정사正史 중에서도 명저라 일컬어졌다. 다만 내용이 간략한 부분이 많아 남송南宋 429년에 문제文帝가 배송지裴松之에게 명하여 주를 달게 하였는데,『삼국지』에 합각되어 있는 배송지주裴松之註가 그것이다. 이 배송지의 주는 본문의 말뜻을 주해하기보다는 누락된 사실을 수록하는 데 힘을 기울여『위략魏略』을 비롯한『위서』이하 140여 종의 인용문이 기재되어 있다.

또한 『위서』「동이전東夷傳」에는 부여·고구려·동옥저·읍루·예·마한·진한·변한·왜인 등의 전이 있어, 동방 민족에 관한 최고의 기록으로 동방의 고대사 연구의 유일한 사료라 할 수 있다.

큰일을 이루려면 반드시 사람을 얻는 것이 근본이다.

대덕大德으로 나라를 다스리고, 소혜小惠를 하지 않는다.

엄한 정치에 백성들이 모두 두려워하면서도 원망하는 이가 없다.

위험할 때 나아가 요행을 바란다.

치세治世의 능신能臣은 난세亂世의 간웅奸雄이다.

마음을 먼저 공격하고 그 후에 성을 공격하는 것이 뛰어난 용병술이다.

시대의 흐름을 아는 사람이 준걸俊傑이다.

죽은 제갈공명이 살아 있는 사마중달을 내쫓았다.

지혜는 화를 면하게 하는 것을 존중한다.

상대의 장점은 높이 평가하고, 단점은 눈감아 줘야 한다.

역경 易經

『역경』은 유교의 기본 경전인 오경의 하나로, 본래 역易 또는 주역周易이라 하였으나 점서占書였던 것이 유교의 경전이 되면서 역경이라 부르기 시작했다. 전체 구성은 상경上經 및 하경下經과 해설 부문인 십익十翼으로 되어 있다. 한편 '역'의 의미에 대해서는 3가지 설이 있는데, 먼저 석척설蜥蜴說로 역을 도마뱀을 나타내는 상형문자로 보는 것이다. 둘째, 일월설日月說로 역을 일과 월의 복합자로 해석하는 것이며, 셋째는 자의설字義說로 역을 그 자체에 내포된 의미로 파악하는 것이다.

한편 『주역』의 주周의 의미에 대해서는 2가지 설이 있다. 첫째는 한漢나라 정현鄭玄의 주장으로 '두루', '널리'라는 의미이다. 둘째는 주를 시대명으로 보는 것이다. 고대의 역서를 보면 연산역, 귀장역, 주역의 삼역이 있었는데 연산역은 신농씨神農氏 시대, 귀장역은 황제 시대, 주역은 주나라 문왕 때의 역이었다고 한다. 한편 연산역을 하夏나라의 역, 귀장역을 은殷나라의 역, 주역을 주나라의 역으로 보기도 한다.

작자에 관해서도 여러 설이 있는데, 계사전에 의하면 복희씨伏羲氏가 8괘를 만들고, 신농씨가 64괘로 나누었으며, 문왕이 괘에 사辭를 붙여 『주역』이 완성된 다음에 주공周公이 효사를 지어 완성하였고, 이에 공자가 십익을 붙였다고 한다. 역의 기본사상은 자연법칙으로서의 천도天道를 상징화하고 인간이 이에 순응함을 인도로서 규정하며, 중정中正한 것을 길吉이라 하여 가장 선하다고 보는 것이다. 『주역』은 동양의 유가사상에 많은 영향을 끼쳤으며, 운명을 점치는 '복서卜筮'의 원전으로 정착되었다.

군자는 윗사람에게 아부하지 않고, 아랫사람에게 흐트러짐이 없다.

작게 징계해서 크게 경계함은 소인小人에게는 복이 된다.

위험을 보고 능히 멈춰야만 비로소 안다고 할 수 있다.

하늘의 운행이 건강하듯이 군자 역시 자신을 갈고닦아야 한다.

군자는 능력과 재능을 품고, 때를 기다려 움직인다.

선인들의 지혜와 업적을 배워 덕을 쌓는다.

곤궁하면서도 절조를 지키면 원망을 사는 일이 없다.

군자는 일이 일어날 징조를 보면 곧 적당한 조치를 취한다.

군자는 천하를 다스리는 것이 최후의 목표이다.

글로써는 말을 다 표현할 수 없고, 말로써는 사람의 의사를 다 표현할 수가 없다.

십팔사략 十八史略

중국 남송南宋 말부터 원元나라 초에 활약한 증선지曾先之가 지은 역사책으로 원명은 『고금역대십팔사략古今歷代十八史略』이다. 『사기』, 『한서漢書』에서 시작하여 『신오대사新五代史』에 이르는 17종의 정사正史, 송대의 『속송편년자치통감續宋編年資治通鑑』, 『속송중흥편년자치통감續宋中興編年資治通鑑』 등 사료史料를 첨가한 십팔사十八史의 사료 중 태고 때부터 송나라 말까지의 사실史實을 정리하여 초학자를 위한 역사교과서로 편찬하였다.

원서는 2권이었으나 명나라 초기에 진은陳殷이 음과 해석을 달아 7권으로 하고, 유염劉剡이 보주補注를 가하여 간행한 것이 현행본이다. 사실을 선택하는 데 있어 근거가 부정확하여 중국에서는 평판이 좋지 않은 데다 사료적 가치가 없는 통속본이지만, 중국 왕조의 흥망에 대한 부분과 많은 인물의 약전略傳·고사故事·금언金言 등이 포함되어 있다.

한국에서도 『십팔사략』이 널리 읽혔다는 기록이 옛 문헌에 나타나고 있으며, 당시 아이들에게 초학의 학습서 구실을 하였다고 전한다.

한 번 머리를 감으며 세 번 움켜쥐고, 한 번 식사에 세 번 뱉어낸다.

덕에 순응하는 자는 흥하고, 덕을 거스르는 자는 망한다.

성인聖人도 촌음을 아끼는데, 범인凡人은 마땅히 분음을 아껴야 한다.

인생은 문틈으로 백마가 달리는 모습을 보는 것과 같다.

백성의 입을 막는 것은 개천을 막는 것보다 어렵다.

호랑이 굴에 들어가야 호랑이 새끼를 잡을 수 있다.

집안이 가난하여 양처를 생각하고, 나라가 어지러워 양상을 생각한다.

한 가지 이익을 보는 것은 한 가지 해를 제거하는 것만 못하다.

형상은 천하의 형상이다.

진심으로 사람을 대하여 조금의 거리도 두지 않는다.

서경 書經

유가儒家의 오경五經 중 한 경전으로 총 58편編으로 이루어져 있다. 옛날에는 '서書'라 했고, 한대에는 상서尚書라고도 하였으며, 송대宋代 우서虞書·하서夏書·상서商書·주서周書 등 당우唐虞 3대에 걸친 중국 고대의 기록이다. ('상서'는 상고上古의 책으로 숭상해야 한다는 의미를 담고 있다.)

『서경』은 이제삼왕二帝三王의 정권의 수수授受, 정교政教 등 유교에서 가장 이상적인 제왕으로 숭상하는 요堯·순舜 2제와 우禹·탕湯·문무[文王·武王] 3왕시대의 정치 기록으로 사관이 작성한 것이며, 정치상황과 천문·지리·윤리·민생 문제 등 광범위한 내용을 다루고 있어 고대의 역사적 사실이나 사상을 아는 데 중요한 경서이다.

『서경』은 당시의 사관史官·사신史臣이 기록한 것을 공자가 편찬했다고 한다. 당초에는 100편이었다고 하나 진秦나라 시황제의 분서焚書로 산일散逸된 후 한漢나라의 문제文帝 때 복생伏生이 구승口承한 것을 당시 통용되던 예서隸書로 베껴『금문상서今文尚書』라고 한다.

그 후 경제景帝 때 노魯나라의 공왕恭王이 공자의 옛집을 부수고 발견한 진나라의 문자로 쓰인 것을『고문상서古文尚書』라고 한다. 『고문상서』는 일찍 없어지고 현재는 동진東晉의 매색梅賾이 원제元帝에게 바친 『위고문상서僞古文尙書』가 『금문상서今文尙書』와 함께 보급되었다.

사람을 농락하면 덕을 잃고, 사물을 농락하면 뜻을 잃는다.

하늘이 내리는 불행은 피해도 스스로 만든 불행은 피할 수 없다.

앞에서는 따르고, 뒤에서는 불평한다.

선善이 있다고 하면 그 선을 잃고, 능력을 자랑하면 공적을 잃는다.

아는 것이 어려운 게 아니라, 행하는 것이 어렵다.

가득 찬 것을 바라면 오히려 손해를 보고, 겸손하면 오히려 이익을 얻는다.

개인적인 아집을 버리고, 남의 좋은 의견을 따른다.

최고의 정치가 풍기는 좋은 향기는 신명을 감동시키는 것이다.

하늘이 사람에게 수명을 내리는 것에는 긴 것도 있고, 짧은 것도 있다.

높은 곳에 오르려면 먼저 낮은 곳에서 시작하고, 먼 곳을 보려면 가까운 곳에서 시작한다.

논어 論語

중국 유교의 근본문헌으로 10권 20편으로 이루어졌다. 『논어』는 유가儒家의 성전聖典이라고도 할 수 있으며, 사서四書의 하나로 중국 최초의 어록語錄이기도 하다. 이는 고대 중국의 사상가 공자孔子의 가르침을 전하는 가장 확실한 문헌이다. 공자와 그 제자 간의 문답을 주로 하고, 공자의 발언과 행적, 그리고 고제高弟의 발언 등 인생의 교훈이 되는 말들이 간결하고도 함축성 있게 기재되었다.

유교의 통설로는 공자의 사후, 제자들이 그때까지 써두었던 스승의 말을 논찬論纂해서 만들었다고 한다. 『논어』의 문장은 공자가 말한 것을 기회가 있을 때마다 기록한 것이므로 체계화된 이론은 없다.

공자는 기원전 552년 노魯나라 창평향 추읍(지금의 산동성山東省 곡부曲阜의 남동)에서 출생하였다. 자는 중니仲尼, 이름은 구丘이다.

『논어』는 한漢나라 때에 이미 『오경』과 필적할 만한 지위에 있었다. 송나라 이후 『맹자』, 『대학』, 『중용』과 함께 사서四書라 불리게 되었다. 한국에 유교가 전해진 것은 삼국시대인데, 『논어』도 이 무렵에 전래된 것으로 짐작된다. 통일신라시대인 682년 국학이 체계를 갖추었을 때 『논어』를 가르쳤으며, 그 뒤 독서삼품과로 인재를 선발할 때도 필수과목이었다.

이익을 보면 의리를 생각한다.

자신이 하기 싫은 일은 다른 사람에게도 시키지 마라.

말뜻을 헤아리고 마음을 읽으며, 생각은 깊게 하고 사람에게 겸손하다.

군주에게 봉사함에 예를 다하면 사람들은 아첨이라 말한다.

생사生死는 운명에 달려 있고, 부귀富貴는 하늘에 달려 있다.

내면과 외면의 조화[文質彬彬]를 이루어야 군자라 한다.

세 명이 가면 반드시 그중에 스승이 있다.

소질은 서로 비슷하고, 배움은 서로 멀다.

옛것을 연구해서 새것을 안다.

다른 사람이 알아주지 않는 것보다 자신의 능력이 없음을 슬퍼하라.

중용 中庸

중국 유교 경전 중 사서四書의 하나.

주희朱熹가 『예기』 총 49편 가운데 31편 「중용」과 42편 「대학大學」을 떼어내어 『논어』, 『맹자』와 함께 '사서'라 이름붙임으로써 독립된 경전이 되었다. 『중용』의 작자에 대하여는 공자의 손자인 자사子思라는 설이 있으나 확실하지 않다.

여기서 '중中'이란 어느 한쪽으로 치우치지 않는다는 것, '용庸'이란 평상平常을 뜻한다. 인간의 본성은 천부적天賦的인 것이기 때문에 인간은 그 본성을 따르지 않으면 안 된다. 따라서 본성을 좇아 행동하는 것이 인간의 도道이며, 도를 닦기 위해서는 궁리窮理가 필요하다. 이 궁리를 교敎라고 한다. 『중용』은 요컨대 이 궁리를 연구한 책이다. 즉 인간의 본성은 한마디로 말해서 성誠일진대, 사람은 어떻게 하여 이 성으로 돌아가는가를 규명한 책이라고도 할 수 있다.

한편 주자朱子는 『중용장구中庸章句』라고 하는 주석서注釋書를 지었는데, 여기서 주자는 자사가 도학道學의 전통을 위해 『중용』을 썼다고 말하였다.

『중용』은 흔히 유교의 철학개론서라 불린다. 한국에서도 고려말 정주학을 수용하여 조선의 국시國是가 된 이래 사서의 하나로 존중되었고, 성리학자들도 연구에 심혈을 기울여 민족문화에 큰 영향을 주었다.

용덕庸德(평범한 덕)을 행하고, 용언庸言(일상의 말)을 삼간다.

말은 행동을 돌이켜보게 하고, 행동은 말을 돌이켜보게 한다.

위로는 하늘을 원망하지 말고, 아래로는 사람을 비난하지 말라.

군자는 도리를 다하고 하늘의 뜻을 기다리며, 소인은 옳게 하지도 않고 요행을 바란다.

군자는 현재의 위치에서 최선을 다하며, 그 외의 것은 바라지 않는다.

군자가 돈독하고 공손하면 한마디의 말이 없어도 천하는 자연히 태평하게 된다.

군자의 도는 은밀해서 사람의 눈에 띄지 않을 것 같으나, 그 작용은 극히 넓은 것이다.

참된 중용은 그 때와 경우에 있어서 중용을 따르는 것이다.

세상을 피해서 숨어 살아도 조금도 후회하지 않고 마음 편하게 산다는 것은 오직 성자聖者만이 할 수 있는 일이다.

큰 덕을 체득한 자는 반드시 지위도 얻고, 녹도 얻고, 명예도 얻고, 천수도 얻게 마련이다.

신음어 呻吟語

중국 명나라의 저명한 사상가인 여곤呂坤(1536~1618)의 대표적인 저서로, 당시 유행하던 학술 사상과 정치 현실에 대한 비판이 주요 내용이다. 여곤은 철학적으로 기일원론氣一元論적인 우주관을 표방하여 도道와 기器, 리理와 기氣를 분리하는 것에 반대하였고 스스로 깨달음을 얻는 공부를 중시하였다.

모두 6권으로 1~3권은 내편, 4~6권은 외편이며 1권에는 「성명性命」·「존심存心」·「윤리倫理」·「담도談道」, 2권에는 「수신修身」·「문학問學」, 3권에는 「응무應務」·「양생養生」, 4권에는 「천지天地」·「세운世運」·「성현聖賢」·「품조品藻」, 5권에는 「치도治道」·「인정人情」, 6권에는 「물리物理」·「광유廣喩」·「사장詞章」이 각각 실려 있다.

내용을 살펴보면 먼저, 스스로 깨달아 얻어나가는 독립적인 치학治學을 강조하여 자신의 학문은 도학道學이나 선학仙學·석학釋學·노장老莊·신한申韓의 학이 아니라 그 자신의 학學일 뿐이라고 천명하고 있으며, 불佛·도道와 제자백가뿐 아니라 정주이학程朱理學·양명심학陽明心學을 비판하는 강렬한 비판정신이 곳곳에서 발견된다. 지행知行의 문제에 있어서는 양자가 본래 하나이지만 행할 수 있다면 안다고 할 수 있으나 안다고 하여 행할 수 있는 것은 아니라는 입장에서 실천을 중시하였다. 만물의 생성에 있어서 만물을 이루는 것이 기氣이고 그렇게 하도록 하는 것이 리理라는 기일원론氣一元論의 입장에 서 있다.

술수로는 안 되지만, 지략에 이르면 아무도 막지 못한다.

인격忍激의 두 글자는 행복과 불행의 경계가 된다.

사람을 책망할 때는 함축이 필요하다.

소인小人을 대할 때는 멀지도 가깝지도 않은 간격을 둔다.

세상을 사는 데는 단지 서恕 하나의 글자가 필요하다.

위로 갈수록 눈, 귀가 멀고 그것을 막는 자들이 많아진다.

나를 헐뜯는 말은 들어둘 만하나, 나를 헐뜯는 사람이 누구인지는 물을 필요가 없다.

하나의 법이 서면 하나의 폐弊(폐해)도 생긴다.

직위가 높을수록 눈과 귀가 멀어진다.

고독은 패하기 쉽고, 감독은 피하기 어렵다.

순자 荀子

중국 주周나라 때의 유학자 순자의 사상을 담은 책.

순자는 공자·맹자를 잇는 유가儒家로, 끊임없는 노력을 중시하며, 노력주의라고도 할 수 있는 이러한 기본적인 사고에서 맹자의 성선설에 대치되는 성악설이 나왔다. 그는 사람의 본성은 악惡하지만, 후천적으로 열심히 노력하면 성인聖人이 될 수 있다고 하였다. 현실 및 현실을 변화시키려는 노력을 중시하는 순자의 주장은 이상론을 원칙으로 삼는 유교에서 이단시되어 오다 18세기에 접어들어 주목받기 시작하였다.

처음에는 『손경신서孫卿新書』라고 하였으며, 현본은 20권 33편으로 되어 있으나 원래 12권 322편이던 것을 한漢의 유향劉向이 중복을 정리하여 32편으로 만들고, 다시 당唐나라 때 양량楊倞이 20권 32편으로 개편, 주注를 달고 서명을 『손경자孫卿子』라 개칭하였다가 후에 『순자』라고 간략하게 불리게 되었다.

공자 이후 맹자가 정비한 유교는 내면적·주관적인 입장만이 강화되었는데 순자는 이에 반대하여 공자의 예禮의 사상을 내세워, 제자백가諸子百家의 사상을 비판적으로 받아들이면서 객관적 입장에서 유교를 재정비하였다.

있을 때 베풀지 않으면 궁할 때 받을 것이 없다.

쑥은 참깨 사이에서 자라면 곧게 자라고, 하얀 모래도 진흙에 섞이면 검게 변한다.

내게 아첨하는 자는 나의 도적이다.

윗물이 맑으면 맑은 물이 흐르고, 윗물이 탁하면 탁한 물이 흐른다.

의심을 품고 결정을 내리면 그 결정은 반드시 잘못된다.

행운과 불운은 때에 달려 있다.

군주는 배와 같고 백성은 물과 같다.

사람의 본성은 원래 악한데, 그것이 선해지는 것은 사람의 노력 때문이다.

청색은 쪽이라는 풀에서 나오지만, 쪽보다 더욱 푸르다.

반걸음을 쌓지 않으면 천리를 갈 수 없고, 작은 흐름이 모이지 않으면 강하江河를 이루지 못한다.

맹자 孟子

중국 전국시대의 사상가 맹가孟軻의 저술로, 제자·제후들과의 문답 내용을 모은 책이다. 송대의 유학자인 주자朱子 등에 의해 유학의 기본 경전인 사서四書의 하나로서 흔들리지 않는 권위를 지니게 되었다. 양혜왕梁惠王·공손추公孫丑·등문공滕文公·이루離婁·만장萬章·고자告子·진심盡心의 7편으로 이루어졌다.

『맹자』는 공자의 인仁에 의義를 더하여 왕도정치의 바탕으로 삼고 있으며, 주자朱子에 이르러『논어』,『대학』,『중용』과 더불어 사서四書의 하나로서 유교의 주요한 경전이 되었다.

맹자의 사상은 인의설仁義說과 그 기초가 되는 성선설性善說, 그리고 이에 입각한 왕도정치론王道政治論에 기초하고 있다. 한편 빈틈없는 구성과 논리, 박력 있는 논변으로 인해『장자』,『좌씨전左氏傳』과 더불어 중국 진나라 이전의 3대 문장으로 꼽히고 있다.

인간은 태어날 때부터 인仁·의義·예禮·지智라는 사덕四德의 가능성을 지니고 있으며, 이는 사단 즉 측은惻隱·수오羞惡·사양辭讓·시비是非 등의 마음씨로 나타난다. 사람은 이 사단을 확대하여 마음의 선성善性을 발휘하지 않으면 안 된다. 이것이 그 유명한 성선설性善說이다. 그의 이러한 주장은 약 50년 후배인 순자荀子의 성악설性惡說과 아울러 인성설의 두 전형이 되었다.

인仁은 마음의 도리이고, 의義는 사람이 걸어야 할 길이다.

백이伯夷에 대해 들은 사람은 탐욕이 사라지고 뜻을 세운다.

자신을 굽히면서 상대를 옳게 만드는 사람은 없다.

지성을 다하면 사람을 움직일 수 있다.

하늘을 우러러 부끄럽지 않고, 엎드려 인간에게 욕되지 않는다.

우환憂患에 살고, 안락安樂에 죽는다.

항산恒産이 없으면 항심恒心이 없다.

오십 보를 도망친 사람이나 백 보를 도망친 사람이나 마찬가지다.

모든 책을 믿는다면 책이 없는 것만 못하다.

가까운 실패를 보고 본보기로 삼아야 한다.

소학 小學

중국 송나라 때의 수양서로 주자朱子의 제자 유자징劉子澄 등이 소년들을 학습시켜 교화시킬 수 있는 내용의 서적을 편집한 것을 주자가 교열, 가필하여 감수를 보아 완성한 것이다. 『소학서小學書』라고도 한다.

『소학』이란 대학에 대응하는 말이며, 소년들의 초보교육을 위해서 일상적 예의범절과 어른을 섬기고 벗과 사귀는 도리 등을 가르치는 것을 목적으로 했다.

6권의 구성은 내편, 외편의 2편으로 되어 있는데, 내편은 입교 立敎·명륜明倫·경신敬身·계고稽古의 4개 항목을 기본으로 하여 유교의 윤리사상의 요강을 논하였으며(경서를 인용한 개론에 해당), 외편은 가언嘉言·선행善行의 2개 항목 밑에 한漢나라 이후 송나라까지의 현철賢哲의 언행을 기록하여 내편과 대조시켰다.(외편은 그 실제를 사람들의 언행으로 보여주고 있다.) 봉건제 사회에서의 개인 도덕의 수양서로 충효사상을 중심으로 한 유교적 윤리관을 널리 퍼뜨리는 구실을 했다.

관리가 된 이후 항상 근근화완勤謹和緩을 신조로 삼았다.

군자의 마음은 바다처럼 깊고 넓으며, 물처럼 담백한 것이다.

근본이 상하면 가지도 따라 죽는다. 그러므로 먼저 근본을 튼튼히 해야
한다.

높은 뜻을 세우지 아니하면 그 이루어짐이 모두 범상인凡常人의 것뿐이다.

아직 일어나지 않은 일에 대해 이렇다 저렇다 하고 앞질러 생각하는 것은
삼갈 일이다.

아무리 작은 악이라도 악한 일은 하지 말아야 하며, 선한 일은 작다고 하
지 않으면 안 된다.

우禹 임금은 성인이지만 한 치의 시간도 아꼈는데, 항차 범인은 한 푼의 시
간을 아껴야 한다.

상당한 지위를 얻은 후에 가난할 때 다하지 못한 효도를 하려고 해도 그
때는 이미 어버이가 돌아가시고 안 계신다.

자신의 나쁜 점은 책망해도 좋으나, 남의 결점을 책망해서는 안 된다.

관리는 지위가 생기면 게으름을 피우게 되고, 병이 조금 나을 만하면 마음
을 놓아 오히려 중하게 되기 쉽다.

좌 전 左傳

　『좌씨전左氏傳』이라고도 하며,『춘추좌씨전春秋左氏傳』,『좌씨춘추左氏春秋』또는『좌전』이라고도 한다. 공자의『춘추春秋』를 노魯나라 좌구명左丘明이 해석한 책으로,『춘추』를 해설한 춘추삼전春秋三傳 가운데 하나이다. 춘추시대 노나라의 좌구명이 저자로 알려져 있으나 확실하지 않다. 처음으로 소개된 시기는 전한 말기이다.

　『공양전公羊傳』과『곡량전穀梁傳』이『춘추』에 쓰인 공자의 정신을 순리적으로 해석한 데 반하여『춘추좌씨전』은 춘추시대의 사실史實에 입각해 역사적으로 기술한 것이며, 문학적으로 뛰어난 가치를 가진다. 그러나 사상적으로는 왕을 절대시하는 입장을 취하였다. 지금 전하는 것은 전한 말기 유흠 일파가 편찬한 것이고, 원본은 소실되었다. 기원전 722~481년의 역사를 다룬 것으로『국어國語』와 자매편이다.『공양전公羊傳』,『곡량전穀梁傳』과 함께 3전三傳의 하나이다.

　다른 2전二傳이 경문經文의 사구辭句에 대한 필법筆法을 설명한 것에 비하여 이 책은 경문에서 독립된 역사적인 이야기와 문장의 교묘함 및 인물묘사의 정확이라는 점 등에서 문학작품으로도 뛰어나 고전문의 모범이 된다.

부자이면서 자만하지 않으면 아름답고, 오만하면 망하게 되어 있다.

증오하면 원성을 많이 산다.

나라가 망하려면 규제가 많아진다.

극히 아름다운 것에는 반드시 심한 악이 숨어 있다.

화와 복은 들어오는 문이 따로 있는 것이 아니라, 오직 내가 불러들이는 것이다.

같은 죄를 범했다면 같은 벌을 과해야 한다. 벌이 실實과 모순되면 법이라 할 수 없다.

구하지 않으면 아무것도 얻을 수 없다.

상대방을 높이고 나를 낮추는 것이 덕의 기본이다.

자신을 수양하고 남을 책망하지 않으면 이로써 어려움을 면할 수 있다.

군주란 신神인 동시에 백성이 우러러 바라보는 사람이어야 한다.

통속편 通俗篇

청나라의 학자 적호翟灝(1736~1788)가 중국 역대의 구어·단어·어휘를 그 용례를 들어 풀이한 사전류의 책이다. 『통속편』은 이전 문헌 속에 나타난 속어와 방언 어휘 5,000여 개를 모아 그 출처와 용례를 소개하고 원류를 밝히며 그 단어의 뜻을 풀이하고 있다. 전 38권 10책으로 이루어졌으며 전체 내용을 38류로 나누어 38권에 각각 실었는데, 천문天文·지리地理·시서時序·윤상倫常·사진仕進·정치政治·문학文學·무공武功·의절儀節·축송祝誦·품목品目·행사行事·교제交際·경우境遇·성정性情·신체身體·언소言笑·칭위稱謂·신귀神鬼·석도釋道·예술藝術·부녀婦女·화재貨財·거처居處·복식服飾·기용器用·음식飮食·수축獸畜·수어禽魚·초목草木·배우俳優·수목數目·어사語辭·상모狀貌·성음聲音·잡자雜字·고사故事·식여識餘가 그것이다.

『통속편』이 인용한 문헌은 상당히 폭넓어서 경經·사史·자子·전傳뿐만 아니라 시·문장·사곡詞曲·소설·자서字書·시화詩話·불경佛經 등까지 포괄하고 있다. 모든 단어 항목마다 문헌에 최초에 쓰인 용례가 소개되어 있어 그 단어의 연원을 알 수 있고, 그 밖의 문헌에 나타난 용례를 통하여 단어의 뜻이 풀이되어 있다. 이 책에 수록되어 있는 많은 단어들은 근대 한어漢語(특히 구어口語)를 연구하는 데 필수적일 뿐만 아니라, 고대의 제도나 문화 예술·민간 풍속 등을 살펴보는 데 귀한 참고서이다.

의심스러우면 쓰지 말고, 일단 쓰면 의심하지 말라.

신묘한 자의 행동은 신神이 나타나고 귀신이 돌아다니는 것과 같다.

말과 행동이 허황된 사람은 마치 허공에 누각을 짓는 것과 같다.

사기 史記

중국 전한의 사마천司馬遷이 상고시대의 황제 때부터 한나라 무제(기원전 104~101년)까지의 중국과 그 주변 민족의 역사를 포괄하여 저술한 세계사적인 통사이다. 이 책의 가장 큰 특색은 역대 중국 정사의 모범이 된 기전체紀傳體의 효시로 역대 왕조의 연대기인 본기 12권, 연표 10권, 부문별 문화사 8권, 열국사인 세가世家 30권과 개인전기집인 열전 70권으로 구성되어 있다.

사마천은 중국 최초의 역사학자이고 또한 대표적인 중국 역사가이다. 그가 창시한 본기·열전 등과 같이 성질이 서로 다른 역사기술방법을 병용한 종합사 형식을 기전체라 하는데, 송나라 사마광司馬光의 『자치통감』에 의해 완성된 편년체와 함께 기전체는 중국 역사기술의 기본 형식이다.

사마천은 저술의 동기를 가문의 전통인 사관의 소명의식에 따라 『춘추』를 계승하고 아울러 '궁형의 치욕'에 화가 나서 입신양명으로 큰 효과를 보기 위한 것으로, 저술의 목표는 '인간과 하늘의 관계를 구명하고 고금의 변화에 통관하여 일가의 주장을 이루려는 것'으로 각각 설명하는데, 전체적 구성과 서술에 이 입장이 잘 나타나 있다.

복숭아나무, 자두나무 밑에는 자연히 길이 생긴다.

한 번 귀하고 한 번 천하면 그 사귀는 정을 본다.

궁하면 하는 바를 보고, 빈곤하면 구하는 바를 본다.

기회란 잡기는 어려우나 놓치기는 쉽다.

빛은 바래고 사랑은 시들기 마련이다.

없애야 할 것을 없애지 않으면 화가 된다.

결연히 단행하면 귀신도 이를 피한다.

옛 군자는 교제를 끊어도 악성을 하지 않는다.

왕후장상이 어찌 씨가 따로 있겠는가.

미색이 쇠퇴하면 사람도 느슨해진다.

한서 漢書

　　중국 후한시대의 역사가 반고班固가 저술한 기전체의 역사서
이며, 전 120권으로『전한서前漢書』또는『서한서西漢書』라고도 한
다.『사기』와 더불어 중국 사학 사상 대표적인 저작이다. 반고의
아버지 반표가『사기』에 부족한 점을 느끼고,『후전後傳』65편을 편
집하였는데 결국 완성하지 못하고 사망하였다. 이후 반고가 아버
지의 뜻을 이어 역사를 가다듬는 일을 시작하였는데, 국사를 마음
대로 한다는 모함을 받아 투옥되기도 하였다. 그러나 명제明帝의
명으로 한서 저작에 종사할 수 있었다. 그리하여 장제章帝 건초연
간建初年間에 일단 완성하였으나「팔표八表」와「천문지天文志」가 미완
성인 채 그가 죽자, 누이동생 반소班昭가 화제和帝의 명으로 계승하
였고, 다시 마속馬續이 보완하여 완성되었다.

　　『사기』가 상고시대부터 무제까지의 전 시대와 지역에 걸쳐 역
사적 줄거리를 서술하는 양식인 통사通史인 데 비하여『한서』는 전
한만을 다룬 단대사斷代史(한 왕조에 한정하여 쓴 역사)로, 한고조 유방劉
邦부터 왕망王莽의 난亂까지 12대 230년간의 기록이라는 점에 특징
이 있다. 12제기帝紀·8표表·10지志, 70열전으로 그 체재는 중국 정
사正史 편집의 전형을 이루었다.

　　『한서』는『사기』와 부분적으로 중복되는 곳도 있으나 단대사

형식을 창시한 점, 사전史傳의 문체를 확립한 점, 형법지·오행지·지리지·예문지를 설정한 점 등 후세의 정사에 미친 영향이 크다.

제상帝相은 작은 일에 연연해하지 않는다.

연기 구멍을 구부리고, 장작을 옮기라 한 것은 은혜가 없다.

농사는 천하의 사람들이 먹고 사는 양식을 짓는 것이라서 큰 근본이다.

돌을 던져서 쥐를 잡으려 해도 그 옆에 있는 그릇이 깨어질 것을 두려워한다.

신神을 속이는 자는 그 재앙이 삼세三世까지 미친다.

자손에게 큰 상자 가득하게 황금을 남겨주는 것은 일경一經을 가르치는 것보다 못하다.

천하의 사람으로 하여 입을 열어 간하게 한다.

하늘의 명에 응하고 민심에 따라서 일을 행한다. 이것이 참된 왕자王者가 해야 할 길이다.

하늘은 두 가지를 다 주지 않는다. 이빨을 준 자에게는 뿔은 주지 않았고, 날개를 준 자에게는 발을 두 개만 주었다.

의義를 세우기 위해서는 은애恩愛라도 멸할 수밖에 없다.

정관정요 貞觀政要

중국 당나라 태종太宗의 가언선행을 기록한 책.

태종과 위징魏徵·방현령房玄齡 등 군신群臣들의 정치적 토론을 군도君道·정체政體·임현任賢·구간求諫 등으로 분류하여 편집한 책으로 오긍吳兢이 편찬하였다. 태종은 국내의 안정과 경제력 회복에 힘을 기울여 '정관貞觀의 치治'라는 태평성세를 이루었으며, 간언諫言에 귀를 기울여 전횡에 빠지지 않도록 노력했다.

이 책은 '무위의 화' 등 혼란을 경험한 중종·현종 시대에 태종의 치적을 거울로 삼기 위해 만들어졌다. 일설에는 처음에 중종에게 초진본初進本을 진상하였고, 713~741년에 개편하여 현종에게 진상하였으며, 그 뒤 재진본再進本을 만들었다고 한다. 이때부터 위정자의 교과서로서 중국·한국·일본 등지에서 널리 읽혔다.

한편 고려에서는 예종 11년(1116년) 이 책을 주해한 『정관정요 주해貞觀政要註解』가 편찬되어 정치적 교훈서로 필독되었다.

인재를 등용할 때는 능력과 인격을 골고루 갖춘 인물을 뽑아라.

창업創業과 수성守成, 어느 것이 어려운가.

나라를 다스리는 일은 나무를 심는 것과 같다.

큰 일은 모두 작은 일에서 기인한다.

일을 일으키기는 쉽고 그것을 보존하기는 어렵다.

임금은 배요, 백성은 물이다.

숲이 깊으면 곧 새가 서식하고, 물이 넓으면 곧 고기가 논다.

흐르는 물이 맑은지 탁한지는 그 근원에 달려 있다.

편안할 때에도 위태로울 때를 생각해야 한다.

법을 적용할 때는 관용과 간결함이 기본이다.

예기 禮記

중국 고대 유가의 경전으로 49편이다. 오경의 하나로『주례』,
『의례』와 함께 삼례三禮라고 하며,『의례』가 예의 경문經文이라면
『예기』는 그 설명서에 해당한다. 그 성립에 관해서는 분명치 않으
나, 한나라 무제 때 하간의 헌왕이 공자와 그 후학들이 지은 131편
의 책을 모아 정리한 뒤에 선제 때 유향이 214편으로 엮었다가 후
에 대덕이 85편으로 엮은 대대례와 선조 때 대성이 49편으로 줄인
소대례가 있다. 의례의 해설 및 음악·정치·학문에 걸쳐 예의 근본
정신에 대하여 서술하였다.

『예기』는 곡례·단궁·왕제·월령·예운·예기·교특성·명당
위·학기·악기·제법·제의·관의·혼의·향음주의·사의 등의 제편
이 있는데, 예의 이론 및 실제를 논술한 것이다. 사서四書의 하나인
『대학大學』,『중용中庸』도 이 중 한 편이다.『예기정의禮記正儀』는 후
한 정현鄭玄의 주注, 당나라 공영달孔穎達(574~648)의 소疏로 되었으
며,『예기』의 주석서로 통용된다.

『예기』가 한국에 전래된 시기는 분명하지 않으나 중국의『삼
국지』「위지」동이전이나『주서』등에 언급된 기록에 따르면 삼국
시대 초기에 이미 수용된 듯하며, 통일신라 이후에는 관리등용 시
험의 필수과목이 되었다. 고려 말 권근權近의 주석인『예기천견록』

을 비롯하여 조선시대에도 많은 주석서가 나왔다.

아랫사람은 윗사람의 명령에 따르기보다는 그 행동을 보고 배운다.

즐거움이 지나치면 안 된다. 쾌락을 구하는 욕망은 한이 없다.

가르친다는 것과 배운다는 것은 서로 도와서 커지는 것이다.

공경의 극치에 이르게 되면 무늬나 장식은 필요 없게 된다.

군자는 도로써 백성의 부족한 잘못을 막아야 한다.

활은 한 번 당기면 한 번 늦출 필요가 있다.

미덕과 과실을 있는 그대로 드러내 숨기지 않는 것을 충실이라고 한다.

부모에게 잘못이 있으면 간諫하기는 해도 거역해서는 안 되는 것이다.

옥도 갈고 다듬지 않으면 좋은 그릇을 만들 수 없고, 사람도 배우지 않으면 망치게 된다.

이해관계에 있어서 먼저 그 이익을 남에게 양보하는 것을 의義라고 한다.

송명신언행록 宋名臣言行錄

　『송명신언행록』은 송나라 명신들의 언행을 기록한 책으로, 송대를 대표하는 정치가들이 정치에 임한 자세에 대해 당시의 일화를 들려주며 설명하고 있다. 당시에는 과거제도를 통해 선발된 관료들의 활약이 눈에 띄게 나타났는데, 그들의 활약상을 보면 자부심과 사명심을 가지고 정치에 임했음을 알 수가 있다. 한편 이를 두고 '송대의 사풍'이라고 부르기도 한다.

　이 책은 나라를 잘 다스리는 요령과 처세술에 대해 배울 수 있는 기회를 제공할 뿐만 아니라, 예로부터 위정자들의 필독서로 읽혀왔다.

관대하지만 두려움이 있고, 엄하지만 사랑을 받는다.

나라를 다스리는 길은 관용과 엄격함의 중립을 얻는 데 있다.

재능을 감추어 남에게 드러나지 않게 하라.

어떤 일을 할 때는 반드시 그에 따른 대책이 있어야 한다.

자기보다 아랫사람을 대할 때에도 예를 갖추어야 한다.

선비는 자신의 즐거움보다 세상의 걱정거리에 대해 먼저 생각해야 한다.

일을 처리할 때에는 사심이 없어야 한다.

지혜는 물과 같아서 흐르지 않으면 썩는다.

어떤 일을 행할 때에는 첫째 잘 보고, 둘째 잘 행하고, 셋째 바로 행해야 한다.

지나치게 깊이 생각하는 것은 어리석은 짓이다.

한비자 韓非子

　　중국 전국戰國시대 말기 법치주의를 주창한 한비와 그 일파의 저서로, 과거에는 『한자韓子』라고 불렸으나 송나라 이후 당나라 한유의 한자와 혼동을 막기 위해 변경되었다. 『한비자』는 법의 '지상至上'을 강조한 법가사상의 대표적 고전으로 일컬어지는데 한비가 죽은 뒤 기원전 2세기 말 전한시대에 지금의 형태로 정리된 것으로 추정되며, 자신의 조국 한나라의 쇠퇴를 걱정하여 국권의 강화와 부국책을 서술한 책이다.

　　『한비자』는 총 55편 20책에 이르는 대저이며, 55편을 크게 나누면 다음과 같이 성질이 다른 6군群으로 나눌 수 있다.

　　첫째, 한비의 자저自著로 추정되는 『오두』, 『현학』, 『고분』 등이다. 둘째, 한비 일파의 강학講學·토론으로 추정되는 편으로 『난』, 『난세』, 『문변』, 『문전』, 『정법』 등이 있다. 셋째, 한비 학파가 전한 설화집 『설림』, 『내외저설』, 『십과』 등의 제편, 넷째, 전국시대 말기부터 한대에 이르기까지의 한비 후학들의 정론政論으로 추정되는 제편이 있으며, 다섯째, 도가의 영향을 받은 한비 후학들의 논저인 『주도』, 『양각』, 『해로』, 『유로』 등 4편이 있으며, 여섯째, 한비 학파 이외의 논저인 『초견진』, 『존한』 등 2편이 있다.

군주에게 유일한 즐거움은 거역하는 이가 없다는 것이다.

다른 사람이 나를 위해 선함을 믿지 말라.

사람은 스스로 풍족함에 그칠 줄을 모르면 망한다.

작은 이익에 얽매이면 큰 이익을 놓친다.

먼 데 있는 물은 가까운 곳의 불을 끄지 못한다.

이웃나라에 성인이 있음은 적국의 근심이다.

호랑이가 개를 복종시키는 것은 발톱과 이빨이 있기 때문이다.

일은 은밀해야 하며, 말은 누설되면 실패한다.

훌륭한 거짓도 어설픈 진실에 미치지 못한다.

싸움터에서는 속임수를 꺼리지 않는다.

장자莊子

중국 전국시대의 사상가 장자의 저서로, 당나라 현종玄宗에게 남화진경南華眞經이라는 존칭을 받아 『남화진경』이라고도 한다. 내편內編 7편, 외편外編 15편, 잡편雜編 11편으로 모두 33편이다. 그중 내편이 비교적 오래된 데다 근본사상이 실려 있어 장자의 저서라 하고, 외편과 잡편은 후학後學이 저술한 것으로 추측되는데 노자와의 절충이나 다른 사상과의 교류 등을 엿볼 수 있다.

장자는 노자의 학문을 깊이 연구하여, 그의 사상의 밑바탕을 보면 노자와 동일한 흐름을 엿볼 수 있다. 『장자』의 문학적 발상은 '우언우화寓言寓話'로 엮어져 종횡무진한 상상과 표현으로 우주본체·근원, 물화현상을 설명하였고, 현실 속에서 약삭빠른 지자知者를 경멸하기도 하였다.

『장자』는 철학사상서이자 문학서로 분류되며 제물사상을 근저에 두고 있다. 이것은 현실의 모든 것을 평등하다고 생각하는 일종의 관념철학으로 생사·귀천·대소 등을 비롯하여 시비선악 문제에 이르기까지의 대립상을 제일시하는 초월적 입장을 강조하고, 그 대립상에 사로잡히기 때문에 생기는 현실적 고뇌를 초탈하려는 것이다. 이런 높은 경지를 도추道樞(도의 중심) 또는 천균天鈞(하늘의 중심)이라 했다. 그리고 속계의 속박에서 해방된 자유스러운 경지를 '소요유逍遙遊'(구애받는 것이 없는 느긋한 놀이)라고 이름 짓고, 이 경지에 달하는 방법을 인순因循이라 하였는데 자연스러운 것, 즉 자연의 절대적 도리에 따르는 것을 말한다.

하루를 보면 부족함이 있고, 일 년을 보면 남음이 있다.

굴뚝새의 깊은 숲 속 둥지도 하나의 가지면 충분하다.

기계로 일하면 마음까지 기계의 포로가 된다.

현명함을 내세우면 사람을 잃고, 현명함을 낮추면 사람을 얻는다.

군자의 사귐은 그 담담함이 물과 같다.

서로 웃는 얼굴로 대하면 거리낌이 사라지고 친구가 될 수 있다.

오래 살면 욕된 일이 많다.

저것은 이것에서 나왔으며, 이것 또한 저것에서 나왔다. 이것이 저것이요, 저것 역시 이것이다.

사람은 모두 유용有用의 용用만을 알고 무용無用의 용을 모른다.

하늘이 정해 준 때에 안주하고 운명에 따르면 슬픔이나 기쁨이 끼어들지 못한다.

노자 老子

『노자』는 중국의 사상가 노자가 지은 것으로 전하며, 상편이 '도' 자로 시작되므로 도경, 하편이 '덕' 자로 시작되므로 덕경이라 하여 이들을 합하여 『도덕경道德經』이라고도 하는데, 유교의 도덕과는 달리 우주인생의 근원과 그 활동을 나타내는 말이다. 약 5,000자, 상하 2편으로 되어 있는데 성립연대에 대해 의견이 분분하나 사상, 문체, 용어로 보아 한 사람 또는 한 시대의 작품으로 보기는 어렵고, 기원전 4세기부터 한초漢初에 이르기까지의 도가 사상의 집적集積으로 보인다.

노자 사상의 특색은 이상적 사유나 직관에 의해서만 얻을 수 있는 형이상적形而上的인 도의 존재를 설파하는 데 있다. 『노자』에서는 '도'란 대자연의 영위를 지탱하게 하는 것이며, '덕'이란 그 도의 작용이라고 말한다. 또한 무위함이 크게 성공하는 방법이라고 생각하였다.

『노자』 사상의 중심은 개인적 또는 정치적으로 성공하기 위한 '무위無爲'의 술術에 대해 논하고, 이를 위한 근거로서 형이상학적 근원인 '도'를 논하는 것이었다. "도는 하나를 낳고, 하나는 둘을 낳고, 둘은 셋을 낳고, 셋은 만물을 낳는다."와 같이 만물생성의 근원으로서 '천하의 어머니'이다. 그래서 만물은 '도'에 따라 자연 그대로 있는데, 인간은 사욕 때문에 종종 '도'를 벗어나게 되는 것이다. 그러므로 오직 도만을 따라서 '무위'의 입장에 몸을 놓고 '무욕無慾'이 되어 자신을 다른 사람보다 뛰어나게 표현하는 것보다는 겸손하게 행동하는 것이 좋다.

빛은 부드럽게 하고, 더러움과 같이 하라.

웅변은 어눌한 것과 같다.

족함을 알면 모욕을 받지 않고, 멈춤을 알면 위험하지 않다.

화禍 속에 복福이 있고, 복福 속에 화禍가 있다.

큰 그릇은 늦게 만들어진다.

적을 가장 잘 이기는 자는 적과 마주치지 않는다.

스스로 자만하는 사람은 오래가지 못한다.

진실로 아는 사람은 침묵을 지킨다.

일이 이루고 나면 물러나는 것이 자연의 도리이다.

진실의 도가 쇠퇴하면 인애와 정의가 덕으로서 살아난다.

손자 孫子

중국 고대의 병법서兵法書.

『오자』와 함께 병법 칠서七書 중에서 가장 뛰어난 병서이자 중국의 병서 가운데 가장 오래된 고전으로 꼽히며, 흔히 『오자』와 더불어 『손오병법孫吳兵法』이라고 한다. 저자는 기원전 6세기경 춘추시대 오나라 합려闔閭를 섬기던 명장 손무孫武이며 그가 바로 손자라고 하는 말도 있으나, 손무의 후손으로 전국시대 진晉에서 벼슬한 손빈孫臏이라는 얘기도 있다.

지금은 13편이 전해지고 있는데, 이는 당초의 것이 아니고 삼국시대 위魏의 조조曹操가 82편 중에서 번잡한 것은 삭제하고 정수만을 추려 13편 2책으로 만들었다고 한다. 『손자』는 계計, 작전, 모공謀攻, 형形, 세勢, 허실, 군쟁軍爭, 구변九變, 행군, 지형, 구지九地, 화공火攻, 용간用間 등으로 이루어졌으며, 군사사상·군사지식·군사기술 등에 관해 종합적으로 논한 병법서이다.

예로부터 작전의 성전聖典으로서 많은 무장들에게 존중되었을 뿐만 아니라, 국가 경영의 요지와 인사의 성패 등에도 비범한 견해를 보이고 있어 인생 문제 전반에 적용되는 지혜의 글이라 할 수 있다. 한국에서도 예로부터 많은 무신들이 이를 지침으로 삼았고, 조선시대에는 역관초시譯官初試의 교재로 삼기도 하였으며, 『손자

병법』이라는 이름으로 많이 인용되고 있다.

잘 싸우는 자는 사기를 중히 여기고, 개인에 연연하지 않는다.

승산이 많으면 이기고, 적으면 진다.

포위된 적에게는 반드시 도망갈 길을 열어준다.

용병술이 뛰어난 사람은 상산常山의 뱀과 같다.

왕은 분노에 못 이겨 병사를 일으키지 말고, 장수는 감정으로 싸우지 말라.

싸울 때는 상대의 전력이 충실한 데는 피하고, 허를 찔러라.

기정奇正의 변화에 궁하면 승리할 수 없다.

상대를 알고 나를 알면 백 번을 싸워도 위태롭지 않다.

잘 싸우는 자는 상대방을 내 의도로 끌어들여 상대에게 좌우되지 않는다.

전쟁의 형태는 물의 형상을 본뜨고 있다.

오자吳子

중국 전국시대의 병법서로 1권 6편으로 이루어졌다. 무경칠서武經七書의 하나로『손자』와 함께 대표적인 병법서이다. 저자에 관하여는 오기吳起(오자) 자신이 직접 저술했다는 설, 그의 문인들이 찬하였다는 설, 전혀 후세 사람에 의한 위서僞書라는 설 등 다양한 얘기가 분분하나 대체로 오기와 그 문인들에 의하여 이루어진 것으로 간주되고 있다. 도국圖國·과적料敵·치병治兵·논장論將·응변應變·여사勵士의 6편으로 나누어 서술하였다.

『손자』에 비하여 깊은 사상은 담겨 있지 않으나 지론持論이 곧고, 예의를 존숭하여 교훈을 밝힌 점이 유가적 색채를 띤 병법서라 할 수 있으며 예로부터 널리 읽히고 있다. 명나라 유인劉寅의『오자직해吳子直解』, 물조래物徂徠의『오자국자해吳子國字解』등의 주해서가 있다.

가능하면 나아가고, 어려우면 물러선다.

자주 이겨서 세계를 얻은 사람보다 오히려 멸망한 사람이 더 많다.

싸움을 할 때는 반드시 적의 허실을 살피고 급소를 공격하라.

사람에게는 장단점이 있고, 기세에는 기복이 있다.

먼저 화합한 후에 큰일을 도모하라.

적이 강을 건널 때에는 반쯤 건넜을 때 공격해야 한다.

싸워서 이기기는 쉬우나 지켜서 이기기는 어렵다.

도란 결국 인간의 근본(의義, 모謨, 예禮, 인仁)으로 돌아가는 데 있다.

목숨을 버리고 싸우면 살 수가 있고, 살아 돌아갈 요행을 바라면 오히려
죽음을 면치 못한다.

군의 가장 큰 재앙은 진퇴의 거취에 갈피를 잡지 못할 때 생긴다.

울료자 尉繚子

'무경칠서'의 하나로 정확한 시기에 대해서는 분명한 기록이 없다. 『사기』 진시황 본기에 진시황이 6국을 통일하기 16년 전인 기원전 237년에 울료라는 사람이 당시 진왕 정(훗날의 진시황)을 만났으며 진나라 군사의 최고 장관인 태위직을 맡아 6국을 병탄할 모략을 세우고 그 대업을 성취했다는 기록으로 보아 같은 사람으로 추측하기도 하고, 위나라 사람으로 맹자와 같은 시대를 살았다는 설과 제나라 사람으로 귀곡자 문하의 제자였다는 설도 있다.

현재 『울료자』는 24편만이 남아 있고, 그 가운데 많은 내용들이 『맹자』, 『손자』, 『오자』, 『한비자』 등에 인용되어 있어 위서라고 하는 이들도 있으나, 연대가 오래되었고 전쟁에 관한 뛰어난 논리와 사상의 일관성을 갖추고 있어 병법서로서의 가치가 높다고 할 수 있다.

해악을 제거함에는 과단성이 있어야 하고, 민중의 마음을 얻으려면 겸손해야 한다.

사기가 왕성할 때는 적과 부딪쳐 싸우고, 사기가 떨어지거든 물러나라.

장수 된 자는 정직하고 공평무사해야 한다. 장수가 매사에 바르고 치우침이 없을 때 비로소 무슨 일이든 슬기롭게 조치할 수 있고, 어떤 상황에서도 명령을 내려 부대와 부하를 움직일 수 있다.

장수가 출전 명령을 받으면 그 날로 집안일을 잊어야 하며, 군사를 이끌고 야전에 임할 때는 부모 친지를 잊어야 한다.

명령이란 여러 사람의 마음을 하나로 통합하는 것이다. 명령을 내릴 때 신중하지 않으면 자주 변경하게 되며, 자주 변경하게 되면 명령을 내려도 사람들이 믿지 않는다.

병력을 동원함에 있어서 잘못이 없는 도시를 공격하지 않아야 하며, 죄없는 사람을 죽이지 않아야 한다.

남의 부형을 죽이고, 남의 재물을 차지하며, 남의 자녀를 노예처럼 다루는 것은 모두 강도짓이다.

전국책 戰國策

『전국책』은 중국 전한 시대의 유향劉向이 편찬한 전국시대의 책으로, 원저자는 알 수 없으나 유향이 천자天子의 서고에 있는 장서를 정리했다는 설이 있다. 그 학설에 따르면 '국책國策', '국사國事', '단장短長', '수서修書'라는 제목의 죽간이 있었는데, 이들은 모두 전국시대에 유세를 하던 선비들이 정치에 참여할 것을 계획하고 나라를 위해 수립한 책략들이었다. 유향은 이것을 나라별, 연대순으로 정리한 뒤 1책 33편으로 만들고『전국책』이라는 이름을 붙였다고 한다.

후한의 고유가 주해를 했으나 북송 초에는 거의 소실되었던 것을 증공이 대부분 복원하고 남송의 요광이 1146년에 책으로 펴냈다. 총 33권으로 서주西周·동주東周·진·제齊·초楚·조趙·위魏·한韓·연燕·송宋·위衛·중산中山의 12책으로 이루어져 있으며, 주로 중국 전국시대에 활약한 책사策士와 모사謀士들의 문장을 모은 것으로 주나라 원왕元王에서 진나라까지 240여 년간에 걸쳐 여러 인사들이 주장한 내용이 실려 있다.

여기에 기록된 것들은『사기』에 기재된 내용과 합치되는 바가 많다.『사기』는『전국책』을 중요한 사료로 삼았던 것인데, 지금의『전국책』은『사기』의 글에 따라서 개정한 데가 있다고 한다. 고유

高誘·포표鮑彪·요굉姚宏·오사도吳師道 등의 주註가 있다.

지혜로운 자는 징조로 알아차린다.

큰 공적을 세우는 사람은 여러 사람과 모의하지 않는다.

세 사람이 호랑이를 봤다고 하면 거짓이라도 믿는다.

큰 공적을 이룬 사람은 대중과 일을 도모하지 않는다.

토끼는 위험에 대비하여 굴을 세 개나 가지고 있다.

닭의 벼슬이 될망정 소의 꼬리는 되지 마라.

입술이 없으면 이가 외롭고 시리다.

부하는 자신을 알아주는 상사를 위해 죽는다.

지나간 일을 잊지 않는 것은 후사의 스승이다.

백 리를 간 자는 구십 리를 반으로 여긴다.

당시선 唐詩選

중국 명나라 말기 16세기에 나온 당시의 선집으로 총 7권이 며, 이반룡이 편찬했다는 말과 함께 그 진위를 둘러싼 논쟁이 계속되었지만 정확한 결론이 나지 않았다. 1권은 오언고시五言古詩, 2권은 칠언고시七言古詩, 3권은 오언율시五言律詩, 4권은 오언배율五言排律, 5권은 칠언율시七言律詩, 6권은 오언절구五言絶句, 7권은 칠언절구七言絶句로 모두 128명의 시 465수로 이루어져 있다.

성당盛唐 때의 시를 이상으로 삼은 이반룡李攀龍 일파의 시론을 구체적으로 나타낸 것으로, 성당 때의 시가 많고 중당中唐·만당晚唐 때의 것은 적다. 이백李白·두보杜甫와 함께 이두한백李杜韓白이라 일컫는 중당 때의 한유韓愈의 시는 한 수뿐이고, 백거이의 시는 전혀 없기 때문에 선택이 치우친 것으로 평가되었으며, 청淸나라 때에는 고문사파古文辭派가 쇠퇴함과 동시에 인기를 잃었다. 당시선에 수록된 대부분의 시가 이반룡의 『고금시산古今詩刪』 당부에 있으며, 『고금시산』, 『당시선』의 시는 모두 고병高棅의 『당시품휘』에 포함되어 있다.

이 세상에 마음 맞는 친구가 있으면 하늘 끝도 이웃처럼 가까우리라.

인생이란, 의기意氣로 통한다.

장구한 천지[天長地久]는 다할 날 있겠지만, 이루지 못한 사랑의 한 그칠 날 있으리.

시국을 서러워하니 꽃을 봐도 눈물 나고, 이별을 한스러워하니 새 소리에 도 가슴 저린다.

가을 하늘은 높고, 요새의 말은 살찐다.

근사록 近思錄

중국 송나라 때 신유학의 생활 및 학문 지침서.

1175년 주희朱熹(주자)와 여조겸呂祖謙이 주돈이·정호·정이·장재 등 네 학자의 글에서 학문과 일상생활에 관한 요긴한 부분들을 뽑아 함께 편집하였다. 제목의 '근사'는 논어의 "널리 배우고 뜻을 돈독히 하며, 절실하게 묻고 가까이 생각하면[切問而近思] 인仁은 그 안에 있다."라는 구절에서 따온 것이다.

『근사록』은 총 622조의 항목이 14권으로 분류되었는데, 각 권의 편명은 후대의 학자들이 붙인 것이 굳어진 것으로 도체道體·위학爲學·치지致知·존양存養·극기克己·가도家道·출처出處·치체治體·치법治法·정사政事·교학敎學·경계警戒·변이단辨異端·관성현觀聖賢으로 구성되어 있다. 각 편에 수록된 문장은 북송의 철학자들, 주돈이·정호·정이·장재의 저서에서 인용한 것으로 이들 철학자들의 저술은 너무 많아 학문을 처음 시작한 사람들이 다 읽기는 힘들기 때문에 일상생활에 필요한 것만 추려 읽기 쉽도록 분류하였다.

생각이 지나치면 너무 살펴서 의심이 많아진다.

책을 많이 읽는 것보다는 핵심을 파악하라.

배우지 않으면 빨리 늙고 쇠약해진다.

어려움에 처하면 할 수 있는 일을 다한 후 차분히 때를 기다려야 한다.

현명한 사람은 도리에 따라 안전하게 행동하고, 지혜로운 자는 미리 알아채고 굳게 지킨다.

보고, 알고, 원하는 바는 원대해도 실행할 때는 능력에 맞게 천천히 해야 한다.

만물을 살리려 하는 도는 인간의 본래 타고난 마음이다.

학문을 하면서 그것으로 이름을 얻으려는 생각이 조금이라도 있다면 그것은 이미 거짓이 된다.

학문을 하지 않으면 빨리 쇠하게 된다. 학문에는 그 끝이 없다.

모든 사물에 너무 밝아 지나치면 세세한 것이 눈에 들어와 오히려 의심이 많아진다.

후한서 後漢書

남북조시대南北朝時代에 송나라의 범엽范曄이 저술한 중국 후한의 정사正史이다. 전 120권으로 후한의 13대 196년간의 사실史實을 기록하였다. 기紀 10권, 지志 30권, 열전 80권으로 되어 있는데, 이 중에서 지志 30권은 진의 사마표司馬彪가 저술한 것이다.

후한의 역사서로는 범엽 이전에 이미『동관한기東觀漢紀』를 비롯하여 사승·설형·화교·사침·애산송·장번·사마표 등의『후한서』가 있었는데, 범엽은 이 저술들을 바탕으로 하여 독자적 견해로 이 책을 쓴 것이다. 또한 범엽 이전의 저술들은 모두 일실되고 없는 상황이다 보니 이 책이 후한서의 정사로 되어 있다. 특히 이 책의「동이전」에는 부여·읍루·고구려·동옥저·예·한韓 및 왜倭의 전이 있어서 한국사 연구의 자료적 가치가 있으며,『삼국지』의「위지」다음의 고전으로 알려져 있다.

하늘과 신과 나와 당신이 아는데 어째서 아무도 모른다고 말하는가.

나의 진심을 토로하여 사람을 나의 뱃속에 둔다.

모든 일은 처음 징후가 보일 때 막는다.

대장부가 세상에 처하려면 당연히 천하의 난을 소제하고 태평하게 해야 한다.

만복이 될 정도로 장서가 있다고 해도 읽고 공부하지 않으면 주머니에 든 한 푼의 돈보다 가치가 없다.

범을 그리다가 이루지 못하면 오히려 개처럼 된다.

범의 굴에 들어가지 않으면 범 새끼를 얻을 수가 없다.

용의 비늘을 휘어잡고 봉황의 날개에 붙는다.

충신을 구하려면 반드시 효자가 난 문중에서 구하라.

소양이 없는 자가 오걸풍을 잘못 본받으면 경박한 자가 된다.

회남자 淮南子

중국 전한의 회남왕淮南王 유안劉安이 저술하였으며 전 21권이다. 원래 내외편과 잡록이 있었으나 지금은 내편 21권만 전한다. 처음에 원도편原道編이라는 형이상학이 있었으며, 그 뒤 천문·지리·시령時令 등 자연과학에 가까운 것도 포함하고, 일반 정치학에서 병학兵學, 개인의 처세훈處世訓까지 열기하였으며, 끝으로 요략要略으로 총 정리한 1편을 붙여서 복잡한 내용을 통일하여『여씨춘추呂氏春秋』의 형식을 따르면서 지식의 종합을 도모하였다. 1권에 원도훈, 2권에 숙진훈을 두어 도가사상을 서술하고, 3권에 천문훈, 4권에 지형훈을 둔 것은 후세의 백과사전과 같은 '유서' 분류법의 근원을 이루었다. 이 같은 지식의 종합은 한漢나라 초기의 사상을 대표하는 것으로서 한의 통일국가를 배경으로 일어났다고 볼 수 있다.

그 사상적 성격은 도가道家와 유가·법가 등의 혼합으로 매우 복잡하며, 그 인식론은 정신·물질의 이원론에서 관념적 도의 일원론에 귀착한다는 복잡한 양상을 나타내고 있다. 한편 정치론은 봉건통치를 위해 법을 절대화하고 군주를 통치권의 최고 독재자로 하는 극도의 중앙집권 체제를 반영하고 있다.

주요 주석서로 한나라 고유의『회남홍렬해淮南鴻烈解』, 청나라

유태공의『회남교보淮南校補』등이 있다.

    하늘의 이치는 다하면 돌아오고, 차면 줄어든다.

    강에 이르러 물고기를 부러워하는 것보다는 돌아와서 물고기를 잡을 그물을 만드는 것이 낫다.

    그물 눈 하나만으로는 새를 잡을 수가 없다.

    한 점의 살코기를 맛보면 그 요리의 맛을 알 수가 있다.

    호랑이나 표범 같은 맹수는 그 날카로운 발톱이나 이빨을 숨기고 밖으로 나타내지 않는다.

    모든 냇물은 그 근원은 각기 다르나 최후에 돌아가는 곳은 바다라는 한 곳이 된다.

    멀리 있는 것은 잘 알면서 가까이 있는 것은 알지 못한다.

    소를 삶아도 소금 살 돈을 아끼느라 간을 맞추지 못하면 국이 될 수가 없다.

    조정에 신하가 없는 것같이 조용하다.

    비단옷을 입는 자는 반드시 삼이나 기렁풀로 짠 값싸고 거친 옷을 입을 때가 있다.

옮긴이의 말

해가 갈수록 길을 걷다가 나도 모르게 실실 웃음을 흘리는 일들이 많아진다. 모르는 사람이 지나가다 보기라도 하면 정신이상자라도 본 것처럼 혀를 끌끌 차거나, 혹시 봉변이나 당할까 싶은지 아예 멀찌감치 돌아가 버린다.

여러분들은 어떠한가?

느닷없이 떠오른 과거의 어떤 장면이나 말, 행동 등에 대하여 생각하며 이와 같은 경험을 해보지는 않았는가? 어떻게 보면 인생은 경험의 축적이고, 그 경험을 반추하며 살아가는 여정이 아닌가 싶다.

인스턴트 문명과 디지털 문화가 시대를 선도하는 오늘날, 시류에 걸맞지 않게 새삼 고전을 들먹이는 이유도 우리 인간의 삶이 과거의 연속선상 위에서 끊임없이 이어지고 있기 때문이다.

이 책에는 어느 집 거실의 액자에 들어가 있을 법한 선인들의 삶의 지혜가 가득 담겨 있다. 또한 저자가 밝힌 바와 같이 방대한 중국의 고전을 저자 나름대로 체계적으로 정리하여 보기 쉽게 정리했다는 점에서 바쁜 현대인들에게도 충분히 친밀감을 느끼게 할 수 있는 요소가 많다.

인터넷 문화에 길들여진 세대들에게는 언뜻 고루하게 비칠 수 있는 내용들이 대부분이지만, 때로는 군중 속의 고독을 맛보듯 옛 선인들의 지혜로 마음의 먼지를 닦아내 준다면 우리의 삶이 한 층 밝고 맑게 빛나지 않을까 생각해 본다.

지세현

중국 고전에서 배우는
인생수업

초판 1쇄 인쇄 2022년 5월 12일
초판 1쇄 발행 2022년 5월 18일

지은이 모리야 히로시
옮긴이 지세현
펴낸이 김형성
펴낸곳 (주)시아컨텐츠그룹
책임편집 강경수
디자인 공간42

주소 서울시 마포구 월드컵북로5길 65 (서교동), 주원빌딩 2F
전화 02-3141-9671
팩스 02-3141-9673
이메일 siaabook9671@naver.com
등록번호 제406-251002014000093호
등록일 2014년 5월 7일

ISBN 979-11-88519-37-8 [03140]